글 최재훈

학습 만화와 청소년 교양서, 온라인 에듀테인먼트 게임 등을 넘나들며, 어린이와 청소년이 즐기며 공부할 수 있는 교육용 콘텐츠를 만들기 위해 노력하고 있습니다. 대표작으로는 《꿈의 멘토》 시리즈, 《미션돌파 과학 배틀》 등이 있습니다.

그림 정석호

어린이를 위한 학습 만화, 동화, 삽화 전문작가로 왕성하게 활동하고 있습니다. 주요 작품으로는 《마법천자문 부수마법 1~10》, 《why? 정약용의 목민심서》, 《불만제로 1, 2》, 《선덕여왕》, 《교과서 만화 5학년 사회》 등이 있습니다

 스페셜

안철수

초판 1쇄 발행 2017년 03월 06일
초판 4쇄 발행 2019년 08월 02일

글 최재훈 **그림** 정석호 **표지화** 신춘성

펴낸이 김선식
펴낸곳 (주)스튜디오다산

경영총괄 김은영
담당 안성모 **디자인** 남정임
콘텐츠개발본부장 채정은 **콘텐츠개발1팀** 최은영 김민지 안성모 이혜원 남정임
마케팅사업본부장 도건홍 **마케팅1팀** 오하나 안현재 **마케팅2팀** 조지영
채널홍보팀 안지혜 정다은
경영관리본부 허대우 박상민 최완규 이정현

북디자인 포맷 박연주

출판등록 2013년 11월 1일 제406-2013-000112호
주소 경기도 파주시 회동길 357 2층 **전화** 02-703-1723 **팩스** 070-8233-1727
다산어린이 공식 카페 cafe.naver.com/dasankids **who시리즈몰** www.whomall.co.kr
종이·인쇄·제본 (주)갑우문화사

ISBN 979-11-5639-421-1 14990

안철수

Ahn Cheolsoo

다선
어린이

자신만의 멘토를 만날 수 있는
who? 시리즈

　다산어린이의 《who?》 시리즈는 어린이들은 물론 어른들에게도 재미와
감동을 주는 교양 만화입니다. 《who?》 시리즈는 전 세계 인류에 영향력을
끼친 인물들로 구성되었으며 인물들의 삶과 사상을 객관적으로 전해
줍니다.

　이처럼 다양한 나라와 분야에서 활약한 위인들의 이야기를 통해 과학,
예술, 정치, 사상에 관한 정보는 물론이고, 나라별 문화와 역사까지 배우게
될 것입니다. 《who?》 시리즈의 가장 큰 장점은 위인들이 그들의 삶에서
겪은 기쁨과 슬픔, 좌절과 시련, 감동을 어린이들이 함께 느낄 수 있다는
것입니다. 어린이들은 이 책을 읽으면서 폭넓은 감수성을 함양하게 됩니다.

　《who?》 시리즈의 어린이 독자들이 책 속의 위인들을 통해 자신만의
멘토를 만나 미래의 세계적인 리더로 성장하기를 진심으로 응원합니다.

존 덩컨 미국 UCLA 동아시아학부 교수

존 덩컨(John B. Duncan) 교수는 한국학 분야의 세계적인 석학으로
미국 UCLA 한국학 연구소 소장 및 동 대학의 동아시아학부 교수를
겸직하고 있습니다. 하버드 대학교 교환 교수와 고려 대학교 해외
교육 프로그램 연구센터장을 역임했으며, 주요 저서로는
《조선 왕조의 기원》, 《조선 왕조의 시민 행정의 제도적 기초》 등이
있습니다.

세상을 더 나은 곳으로 만든
사람들의 이야기

어린이들은 자라면서 수많은 궁금증을 가지게 됩니다. 그중에서도 "저 사람은 누굴까?"라는 질문은 종종 아이들의 머릿속을 온통 지배해 버리기도 합니다. 다산어린이에서 출간된《who?》시리즈는 그런 궁금증을 해결해 주기 위해 지구촌 다양한 분야의 리더들을 소개하고 있습니다.

《who?》시리즈에 등장하는 인물들은 인종과 성별을 넘어 세상을 더 나은 곳으로 만든 사람들입니다. 어린이들은 이 책에서 디지털 아이콘으로 불리는 스티브 잡스는 물론 니콜라 테슬라와 같은 천재 발명가를 만날 수 있습니다.

책 속 주인공들의 어린 시절 이야기를 통해 기쁨과 슬픔, 도전과 성취감을 함께 맛보고, 그들과 함께 성장하면서 스스로 창조적이고 인류에 도움이 되는 사람이 되겠다는 포부와 자신감을 갖게 될 것입니다.

《who?》시리즈 속에서 다채롭고 생동감 넘치는 위인들의 이야기를 만나 보세요.

에드워드 슐츠 하와이 주립 대학교 언어학부 교수

에드워드 슐츠(Edward J. Shultz) 하와이 주립 대학교 언어학부 교수는 동 대학의 한국학센터 한국학 편집장을 역임한 세계적인 석학입니다. 평화봉사단 활동의 하나로 한국에서 영어 교사로 근무한 경험이 있으며, 현재 한국과 미국, 일본을 오가며 활발한 활동을 펼치고 있습니다. 저서로는《중세 한국의 학자와 군사령관》, 《김부식과 삼국사기》 등이 있고, 한국 중세사와 정치에 대한 다수의 기고문을 출간했습니다.

미래 설계의 힘을 얻는 길이
여기에 있습니다

어린이가 성장하는 시기에는 스스로 미래를 설계하며 다양한 책을 접하는 경험이 필요합니다.

어린 시절 만난 한 권의 책이 인생에 미치는 영향이 얼마나 큰지는 꿈을 이룬 사람들의 말을 통해서 알 수 있습니다. 빌 게이츠는 오늘날 자신을 만든 것은 동네의 작은 도서관이었다고 말하고, 오프라 윈프리는 어린 시절 유일한 친구는 책이었음을 고백하며 독서의 중요성에 대해 이야기합니다.

꿈을 이룬 사람들의 공통점은 또 있습니다. 그들에게는 어린 시절, 마음속에 품은 롤 모델이 있었습니다. 여러분의 롤 모델은 누구인가요? 《who?》 시리즈에서는 현재 우리 어린이들이 가장 닮고 싶어하는 롤 모델을 만날 수 있습니다. 버락 오바마, 빌 게이츠, 조앤 롤링, 스티브 잡스 등 세상을 바꾼 사람들의 감동적인 이야기를 담은 《who?》 시리즈는 어린이들이 구체적인 목표를 설정하고 희망찬 비전을 세울 수 있도록 도와줄 친구이면서 안내자입니다. 《who?》 시리즈를 통하여 자신의 인생 모델을 찾고 미래 설계의 힘을 얻을 수 있습니다.

송인섭 숙명 여자 대학교 명예 교수 | 한국영재교육학회 회장

숙명 여자 대학교 명예 교수이자 한국영재교육학회 회장으로 자기주도학습 분야의 최고 권위자입니다. 한국교육심리연구회 회장, 한국교육평가학회장, 한국영재연구원 원장을 역임했습니다. 자기주도학습과 영재 교육의 이론을 실제 교육 현장에 적용하기 위해 노력하고 있습니다.

평생을 이끌어 줄
최고의 멘토를 만날 수 있는 책

10대에 가장 중요한 것은 무엇일까요? 학과 공부와 입시일까요? 우리나라 최초의 국제회의 통역사로 30년 동안 활동하면서 글로벌 리더들을 만날 기회가 수없이 많았던 저는 대한민국의 초등학생들에게 특별한 조언을 해 주고 싶습니다. 그것은 큰 꿈을 가지는 것이 무엇보다 중요하다는 것입니다.

꿈은 힘들고 지칠 때 나를 이끌어 주는 힘이고 내 인생의 주인이 되어 일어설 수 있게 하는 원동력이 되어 줍니다. 꿈이 있는 아이가 공부도 잘하고 결국 그 꿈을 실현할 수 있게 되는 것입니다. 저 역시 어린 시절 품었던 꿈이 지금의 자리에 있게 한 원동력이었습니다. 남들이 모르는 큰 꿈을 마음속에 간직하고 있었기에 괴롭고 힘들어도 포기하지 않고 다시 일어설 수 있었습니다.

어린 시절 저에게도 힘들고 지칠 때마다 용기를 불어넣어 주고 힘이 되어 주었던 분들이 있었습니다. 지금의 자리로 저를 이끌어 준 멘토들처럼 《who?》 시리즈에서 여러분의 친구이자 형제, 선생이 되어 줄 멘토를 만날 수 있기를 바랍니다.

최정화 한국 외국어 대학교 교수 | 우리나라 최초 국제회의 통역사

우리나라 최초의 국제회의 통역사로 현재 한국 외국어 대학교 통번역대학원 교수로 재직 중입니다. 세계 무대에서 자신의 꿈을 이룬 여성 신화의 주인공으로, 역시 세계에서 꿈을 펼치려고 하는 청소년들에게 멘토의 역할을 충실히 하고 있습니다. 저서로는 《외국어, 내 아이도 잘할 수 있다》, 《외국어를 알면 세계가 좁다》, 《국제회의 통역사 되는 길》 등이 있습니다.

어린이의 꿈을 키워 주는
훌륭한 안내자를 소개합니다

자녀의 꿈이 무엇인지 알고 있어도 대한민국 학부모들에게 자녀의
꿈보다는 학교 성적이 우선인 것이 현실입니다. 멋진 꿈을 가지고 있어도
성적이 나쁘면 실현 가능성이 낮다고 생각하기 때문입니다.

하지만 정말 그럴까요? 하고 싶지 않은 공부를 의지만 가지고 하는
사람은 언젠가 한계를 느끼지만, 이루고 싶은 것을 위해 노력하는 사람의
마음속에는 열정이 생겨 더 열심히 노력하게 됩니다. 쉽고 재미있는
이야기를 통해 마음속으로 열정을 키울 수 있는 좋은 책이 나왔습니다.
이 책을 읽은 많은 어린이들이 큰 꿈을 품고 자신의 미래를 그리며 열정을
키우게 되었다고 말합니다.

의지를 주문하기보다 열정을 가질 수 있도록 다양한 기회를 제공하는
학부모들의 현명한 선택을 위해 이 책을 추천합니다. 하기 싫은 걸
억지로 공부하는 자녀가 아니라 정말 열정적으로 공부하는 자녀의 모습을
기대한다면 부모님의 잔소리를 대신하여 훌륭한 길잡이가 되어 줄
《who?》 시리즈를 만나 보시기 바랍니다.

박재원 행복한 공부연구소 소장

한국형 두뇌 기반 학습을 연구 개발한 학습 전문가입니다. 행복한
공부연구소 소장으로 강연, 집필, 방송 출연 등 다양한 활동을
하고 있습니다. 저서로는 《공부가 즐거워지는 기적의 두뇌 학습법》,
《중학생이 되기 전에 꼭 잡아야 할 공부 습관》시리즈, 《가정이
대안이다》시리즈 등이 있으며 《핀란드 교실 혁명》의 번역 및 해설을
했습니다.

해외 석학들과 전문가들이 극찬을 아끼지 않은 책

다산어린이에서 출간된 《who?》 시리즈는 개인적으로도 무척 반가운 책입니다. 김대중 전 대통령을 청와대에서 가까이 모시면서, 반기문 유엔사무총장이 외교통상부 장관으로 재임하던 시절 국회의원으로서 함께 활동하면서 그분들의 훌륭한 점을 많이 봐 왔기 때문입니다.

전 세계 다양한 분야의 지도자들이 성공에 이르기까지의 과정을 학습만화로 그린 《who?》 인물들이 어떻게 시련과 역경을 극복했는가를 잘 보여 주는 이 책은 이 시대를 살고 있는 모든 어린이들에게 매우 유익합니다.

저는 'who?를 사랑하는 모임'의 대표로서 많은 해외 석학들과 국내 전문가들에게 이 책을 소개했고, 그때마다 놀라운 반응이 이어졌습니다. 하버드 대학의 에드워드 베이커 전 한국학 연구소장도, 미주 이민 110주년 기념 사업회의 책임자도, 세계 한인 회장단의 공동회장도, 국내의 도서관장들도 모두 《who?》 시리즈를 접하고 극찬을 아끼지 않았습니다. 어린이들의 원대한 꿈을 실현시켜 주는 힘을 지닌 《who?》 시리즈가 머지않은 미래에 한국은 물론 전 세계의 모든 가정에 영향력 있는 책으로 자리매김하리라 확신하며, 이 책을 추천합니다.

최성 전 경기 고양시장 / 'who?를 사랑하는 모임' 대표

최성 전 경기 고양시장은 청와대 외교안보비서관과 17대 국회 의원을 지냈습니다. 미국 존스홉킨스 대학 교환 교수 등을 역임하며 세계 3대 인명 사전 중 2곳에 게재된 바 있으며, 현재 'who?를 사랑하는 모임'의 대표로도 활동하고 있습니다.

차 례

Ahn
Cheolsoo

who?

과학자가 될 거야!

많이 먹어라.

너희도 많이 먹어!

대한민국의 정치인이자 벤처 기업가인 안철수는
1962년 경상남도 밀양에서 태어났습니다.

이게 정말 내 거라니 실감이 안 나.

설명서를 꼼꼼하게 읽어야 실수를 안 하지. 우선 탱크 아랫부분부터 조립하고…….

철수는 설명서를 꼼꼼히 다 읽어 조립법을 완전히 익힌 후에 조립에 몰입했습니다.

짜깍

A3번은 B5번에 연결시키면 되겠지?

짜깍

짜깍

휴, 이제 마무리만 잘하면 되겠다.

난 과학자가 될 거야!

그래서 지구를 구할 멋진 무기를 만들어 낼 거야.

조립 장난감에 푹 빠진 철수는 공학자가 되어 세상을 구할 무기를 만들어야겠다고 생각했습니다.

엄마, 비행기 조립 장난감 사 주세요.

엊그제 사 줬잖니. 졸라도 소용없어.

그럼 내년 생일 선물 먼저 주시면 안 돼요?

아휴, 참!

못 당한다니까. 자, 여기 있다.

와~ 감사합니다!

철수는 언제부터 저러고 있는 거예요?

밥 먹는 시간 빼고는 쭉이죠, 뭐.

요즘 계속 저러고 있는 것 같던데…… 쉽게 싫증 내고 새 장난감만 찾는 것 같아서 마음에 걸려요.

하긴, 좀 유별나다 싶을 정도로 열심이긴 해요.

너무 걱정 마세요. 그래도 좋은 점도 있잖아요.

좋은 점이라니요?

라디오며, 텔레비전이며, 시계며 집 안의 물건들이 다 무사하잖아요?

그런가? 허헛.

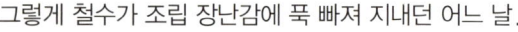 그렇게 철수가 조립 장난감에 푹 빠져 지내던 어느 날.

안철수.

거기 좀 앉아 보거라.

아, 아빠. 제가 뭐 잘못한 거라도 있나요?

철수야, 이 장난감들은 이제 다 버려야겠다.

왜요?

아무도 쓰지 않고 내버려 두는 거라면 쓸모없는 물건이니 버려야지.

자기 것을 소중히 여기지 못하면 가질 자격이 없어!

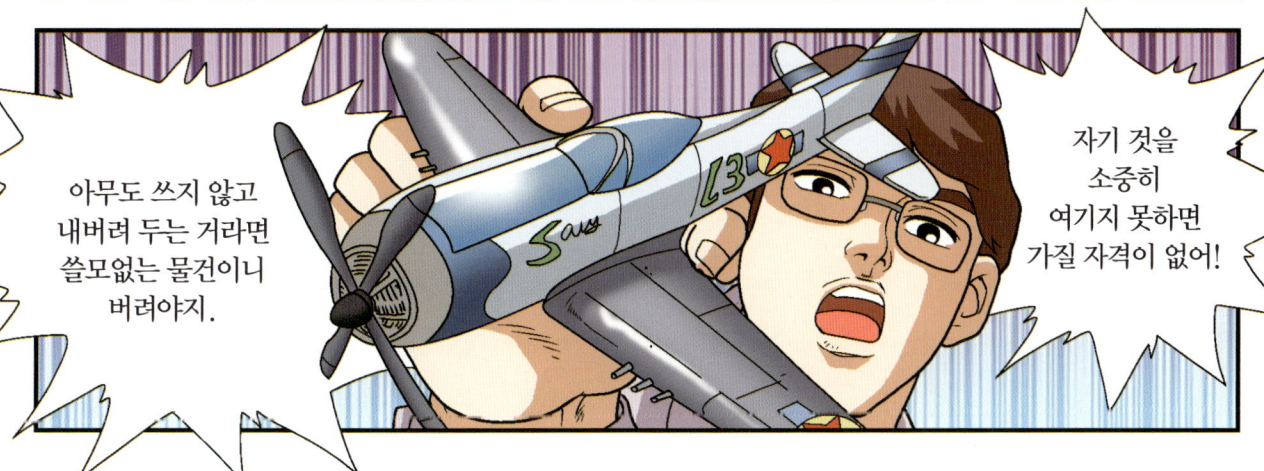

제 장난감 버리지 마세요.

당신도 다시는 철수한테 이런 거 사 주지 말아요.

네, 알겠어요.

철수야, 아빠 말씀 너무 서운하게 생각하지 말아라.

칫, 과학자가 되려면 조립을 잘해야 하는데 아빠 나빠!

이제 뭐하고 놀지?

철수야, 아빠께 점심 식사하러 오시라고 말씀드려라!

네.

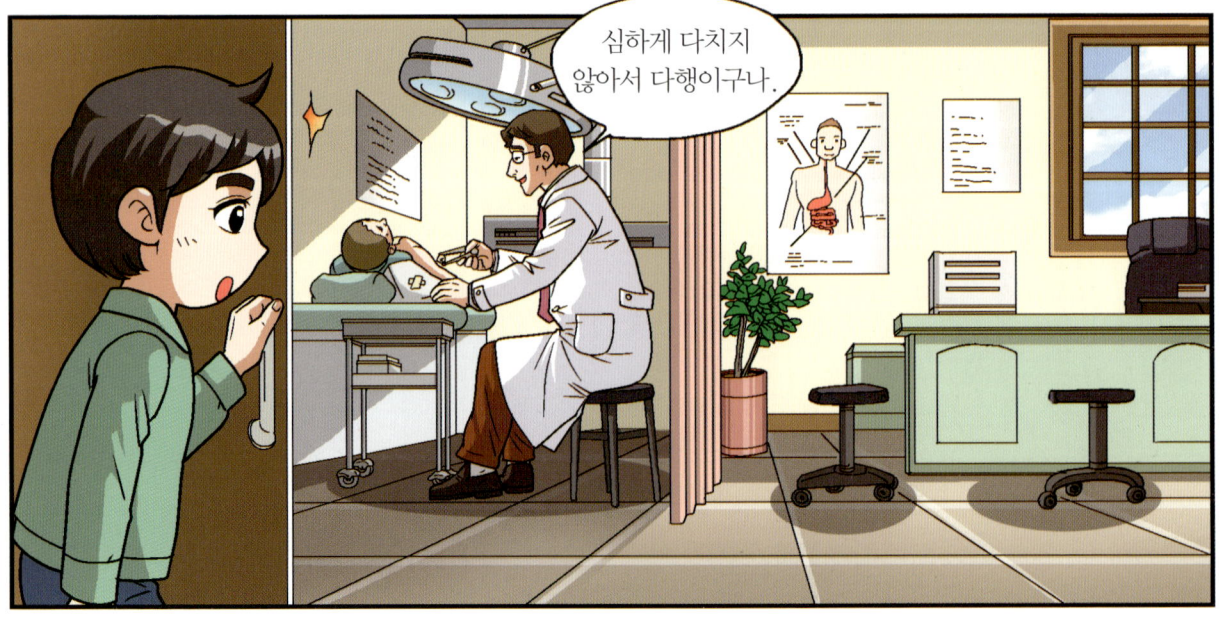

스윽

저……,
부족한 치료비는
월급이 나오는 대로
갚을게요.

틱

치료비는 받은 셈 치자!

네?

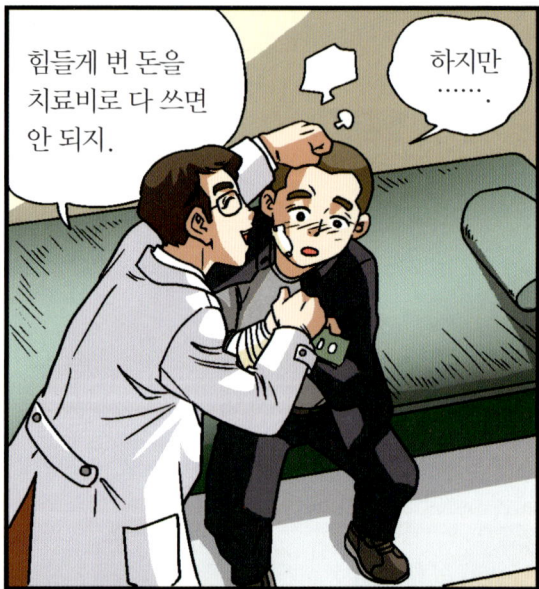

힘들게 번 돈을
치료비로 다 쓰면
안 되지.

하지만
…….

대신 나중에 너보다
어려운 이웃을 돕는 훌륭한
사람이 되는 거다.
나랑 약속해 주겠니?

알겠습니다, 선생님.
약속할게요.

안철수의 인물 돋보기

안철수는 컴퓨터 바이러스 백신 프로그램 개발자에서 경영인, 교수, 그리고 정치인으로 새로운 분야에 끊임없이 도전하고 있습니다.

서울 대학교 의과 대학을 나와 서른도 채 안 된 나이에 의과 대학의 의예과 학과장까지 맡았던 젊고 유능한 의학자 안철수. 하지만 그는 의사로서의 탄탄한 길을 포기하고, 컴퓨터 바이러스 백신 프로그램을 개발하는 프로그래머로서의 길을 걸어갑니다. 여기에 그치지 않고 그는 국내 최고의 벤처 기업 대표 이사, 융합 과학을 가르치는 대학원의 원장을 거쳐, 국회 의원이 되었습니다.
이렇게 많은 분야에서 성공을 일궈 낸 안철수에게는 과연 어떤 비결이 있을까요?

하나   생명에 대한 경외심

안철수는 동물을 기르는 일을 무척 좋아했습니다. 초등학교 시절, 그는 학교 앞에서 파는 병아리를 몇 마리 사 와서 기르기로 했습니다. 어른들은 병아리들이 약해서 금방 죽을 거라고 말했지만, 안철수는 정성을 다해 병아리들을 돌봤습니다. 그리고 결국 그는 조그만 병아리들을 한 마리도 빠짐없이 모두 어미 닭으로 키워 냈습니다. 자신감이 붙은 안철수는 곧이어 토끼를 키우는 일에도 솜씨를 보였습니다. 안철수의 생명에 대한 호기심은 가끔 엉뚱한 상상으로

who? 지식사전

안철수의 말, 말, 말!

1. 지금 우리에겐 뜨거운 가슴과 차가운 머리가 필요하다.
2. 성공을 거두기 위해서는 세 가지 요소가 필요하다. 첫째 마인드, 둘째 노력, 셋째 넓은 시야!
3. 준비가 되지 않은 상태에서의 기회는 오히려 불행이다.
4. 조직은 혼자서는 할 수 없는 의미 있는 일을 여러 사람이 함께 이루어 나가는 것이다.

이어지기도 했습니다. 어느 날 그는 저녁 식사 반찬으로 나온 메추리 알을 보고, '메추리 알을 품어 주면 여기서 메추리가 태어날까?' 하는 생각을 했습니다. 안철수는 직접 해 보지 않고는 견딜 수가 없었습니다. 결국 그날 밤 부엌에서 어머니 몰래 메추리 알 몇 개를 꺼내 이불 속으로 가져왔습니다. 직접 메추리 알을 품어 부화시킬 생각이었던 것입니다. 다음 날 아침 일어나 보니, 밤새 품고 있었던 메추리 알은 모두 깨져 있었습니다. 비록 메추리 알을 부화시키는 데는 실패했지만, 이 일화를 통해 안철수가 생명에 대해 얼마나 관심을 갖고 있었는지를 짐작할 수 있지요.

안철수의 어린 시절 모습입니다.

그의 생명 사랑은 식물을 기르는 데에서도 드러났습니다. 안철수는 용돈을 모아 여러 종류의 씨앗을 사서 집 옥상에 만든 화단에 심었습니다. 안철수의 화단은 금세 채송화, 봉숭아, 안개꽃, 조롱박, 해바라기와 같은 식물들로 가득 찼습니다.

이렇듯 생명을 소중히 여기는 마음씨는 안철수가 세상과 이웃을 위한 일에 열정을 쏟게 만든 밑거름이 되었습니다.

둘 · 새로운 것에 대한 호기심

안철수의 호기심은 둘째가라면 서러울 정도로 넘쳐 흘렀습니다. 그러나 그의 호기심은 종종 주위 사람들을 당황하게 만들기도 했지요.

안철수는 어린 시절부터 꽃과 식물, 동물을 좋아했습니다.

안철수는 늘 주변 물건들이 어떻게 만들어졌는지가 궁금했습니다. 그래서 곧잘 라디오며 손목시계 같은 물건들을 모조리 분해해 놓곤 했습니다. 한번은 친척 집에 걸려 있던 벽시계를 완전히 분해해 놓고는 다시 조립하지 못해서 부모님께 한바탕 야단을 맞은 적도 있었습니다. 호기심 소년 안철수의 눈을 사로잡은 것이 하나 더 있었으니,

바로 장난감 조립이었습니다. 자동차에서 탱크, 항공 모함에 이르기까지 안철수의 호기심을 자극할 만한 것들은 곳곳에 널려 있었지요. 그는 장난감이 새로 나올 때마다 얼른 문구점으로 달려갔고, 누구보다도 먼저 조립을 해냈습니다. 그러던 어느 날, 안철수는 아버지께 크게 꾸지람을 들었습니다. 새로운 장난감을 사서 한 번 조립하고 나면 구석에 박아 두고 다시 꺼내 보지도 않았기 때문이었습니다. "새로운 것만 찾고 만든 것을 오랫동안 지킬 줄 모르는 사람은 참으로 무책임한 사람이다! 다시는 새 장난감을 사 주지 않겠다." 아버지의 말씀을 들은 안철수는 호기심을 가졌다가 쉽게 싫증 내는 행동이 옳지 않음을 깨닫고 크게 반성했습니다.

중학교 졸업 당시 안철수의 모습

셋 기본을 지키는 원칙 주의자

안철수는 무엇이든 기본을 지키는 일을 소중하게 여겼습니다. 공부를 할 때도 당장 성적에 도움이 되지 않더라도 가장 기본이 되는 지식을 꼼꼼히 익히는 일부터 시작했습니다. 뒷날 안철수연구소의 대표 이사로서 회사를 운영해 나갈 때에도 그는 절대 '기본'을 잃지 않았습니다. 안철수는 회사의 기본은 사람이라고 생각했습니다. 그는 회사가 이윤만을 목적으로 해서는 안 되고, 동료와 함께 이익과 꿈을 나누는 곳이 되어야 한다고 생각했습니다. 그는 이런 원칙에 벗어나는 일은 당장 손해가 되더라도 단호하게 거부했습니다.

우리나라가 경제적으로 힘들었던 IMF 시절, 100억 원이라는 큰돈을 줄 테니 회사를 팔라는 외국 대기업의 유혹을 간단하게 뿌리칠 수 있었던 것도 바로 그의 이런 원칙 주의 때문에 가능한 일이었습니다. 이렇게 원칙 주의는 안철수연구소를 국내 최고의 벤처 기업으로 만드는 튼튼한 뿌리 역할을 해 왔답니다.

안철수는 안철수연구소 경영 당시 경제 정의 기업상을 수상하기도 했습니다.

세상과 나누는 마음

안철수는 어린 시절부터 아버지가 운영하시던 병원에 자주 들르곤 했습니다. 그곳에서 그는 가난한 이들을 따뜻하게 보살펴 주는 아버지의 모습을 볼 수 있었습니다.

한번은 신문 배달을 하는 청소년이 병원비를 내려고 하자 오히려 화를 내시면서 한 푼도 받지 않고 돌려보내는 아버지의 모습을 보았습니다. 안철수는 아버지의 이런 모습을 보며 이웃과 함께 나누는 마음을 갖게 되었습니다. 그가 대학생이 되어 의과 대학에서 의료 봉사에 열심이었던 것도 어린 시절 아버지로부터 보고 배운 것이었습니다. 이웃의 어려움을 함께하려는 마음은 그의 힘든 의대 생활을 버티게 하는 힘이기도 했습니다.

몇 년 동안 애써서 만든 컴퓨터 바이러스 백신을 무료로 배포했을 때 사람들은 깜짝 놀랐습니다. 하지만 어린 시절부터 세상과 나누는 마음을 배워 온 안철수에게는 어쩌면 아주 당연한 일이었을지도 모릅니다.

안철수(가운데)는 서울 대학교 의대 재학 시절, 의료 봉사를 통해 어려운 이웃을 도왔습니다.

안철수는 카이스트에서 강의를 하기도 했습니다.
© Puramyun31

who? 지식사전

그 아버지에 그 아들!

안철수의 아버지 안영모는 부산에서 아주 유명한 의원의 의사였습니다. 1963년 군대를 제대한 안영모 원장은 부산의 한 빈민촌에 '범천 의원'이라는 이름의 병원을 세웠습니다. 그는 일부러 형편이 어려운 사람들이 사는 곳에 병원을 세워 다른 병원보다 훨씬 싼 진료비만 받고 환자를 치료해 주었습니다. 안영모 원장은 그렇게 시작한 범천 의원을 50년 가까운 세월 동안 변함없는 마음으로 유지했고, 안철수는 이런 아버지를 본받아 사람을 소중히 여기는 마음을 가지게 되었습니다.

2 책과 함께 보낸 사춘기

운동도 못하고
숫기도 없고.
이런 내가 싫어.

내가 할 줄 아는 거라곤
책 읽는 거밖에…….

하지만 책을
읽을 때가 가장
행복한걸.

철수에게 책은 가장 친한 친구이자 마음의 안식처였습니다.

철수의 책 읽기는 때와 장소를 가리지 않았습니다.

도서관은 철수가 가장 좋아하는 장소였습니다.

그렇게 고르고도 더 고르려고?

응, 하나만 더.

대출 카드 주겠니?

여기 있어요.

무슨 대출 기록이 이렇게나 많지?

선생님도 참. 유명한 책벌레 안철수를 모르셨어요?

책벌레 안철수요?

아마 이 도서관에 있는 책을 가장 많이 읽은 녀석일걸요?

흐음, 정말 대단한 아이구나.

네. 그 전에 가져다 드릴 거예요.

자, 여기. 대출 기간은 일주일이란다.

정말이지 대출 카드가 저렇게 꽉 찬 건 처음 봐.

앞으로는 자주 보게 되실 거예요.

그러지 마. 집중해서 보고 있단 말이야.

에이~ 거짓말.

근데 왜 내용은 안 보고 차례만 보고 있어?

난 출판사 이름부터 발행인, 출간 날짜까지 다 읽는 버릇이 있어. 그래야 다 읽은 것 같거든.

정말 못 말리겠다!

안철수! 널 진정한 책벌레로 인정하마!

철수는 책벌레라는 별명을 얻을 정도로 많은 책을 섭렵해 나갔습니다.

고등학생이 된 철수는 여전히 책을 끼고 살았습니다. 고전과 문학에서 시작됐던 그의 책에 대한 관심은 점차 어린 시절 좋아했던 과학 분야로 옮겨갔습니다.

네, 조심할게요.

다녀왔습니다, 어머니.

아들, 또 책 읽으면서 걸어온 거야? 그러다가 넘어진다니까.

어휴, 책이 저리도 좋을까?

이번 방학에는 이 책들을 다 읽는 걸 목표로 해야겠어.

철수야,
아침 먹어야지.

설마 밤을
새운 거니?

시간이 이렇게 간 줄
몰랐어요.

그러다 건강이라도
해치면 어쩌려고!
밖에 나가서
바람이라도
쐬고 오렴.

아, 어머니…….

저한테는
책이 가장 좋은
친구예요.

그게 무슨
소리니?

책을 통해
그 어느 곳보다 더 넓은
세상과 많은 사람을
만날 수 있는걸요.

어휴,
정말!

그렇게 책 속에 파묻혀 지내던 철수에게 진로를 결정해야 하는 시기가 다가왔습니다.

학생 상담실

대학은 어느 학과로 갈지 고민해 봤니?

아직 결정을 못 했습니다.

아버님께서 의사라고 했지. 그럼 너도 의대에 갈 생각이니?

부모님께서는 의대를 바라시지만…… 전 공대에 가고 싶어요. 과학을 좋아해서요.

아직 고민 중이면 더 생각해 보거라. 부모님과도 상의를 해 보고.

네, 선생님.

철수야, 같이 가자!

응, 그래.

의대와 공대 중에 아직 결정을 못 내린 거야?

으응.

걱정도 팔자다. 지금 네 성적으로 의대는 어림도 없거든!

성적이야 열심히 공부해서 올리면 되지.

자신감은 넘치는구나. 잘 가! 내일 보자!

응, 안녕.

다녀왔습니다.

철수 얼굴이 어둡네. 무슨 안 좋은 일이라도 있나?

부모님의 기대를 잘 알고 있었던 철수의 고민은 깊어 갔습니다.

난 어릴 때부터 과학자가 되는 게 꿈이었어.

동식물을 보살피거나

꼬꼬...

삐약

삐약

손으로 뭐든지 만드는 게 좋았단 말이야.

나도 알아.
내가 의사가 되면
부모님이 무척
기뻐하시겠지.

이렇게 건강하게
자란 건 모두 부모님
덕분이니까

두 분이 바라는 걸
해 드리고 싶기도 해.

게다가 공대에 가서
구체적으로 무얼 할지
생각해 본 적도
없잖아.

그래!
의대에 가서
부모님을
기쁘게 해 드리자!

난 어릴 적부터
아버지를 닮고 싶었어.
이제 의사가 돼서
아버지처럼 좋은 일을
많이 하는 거야.

이왕이면 목표도
크게 해야지.

고민은 그만하자.
의대에 가는 거야!

서울대 의대 입학!

부모님께
자랑스런 아들이
되는 거야.

서울대 의대 입학!

합격자 발표 날 아침, 철수네 가족은 아무 말도 못 하고 긴장했습니다.

9시다.

어서 전화해 보거라.

수험번호 140번 안철수 님은 의과 대학에……

어떻게 됐니?

책벌레 안철수

안철수는 어려서부터 친구들과 어울리기보다는 혼자서 놀기를
더 좋아했습니다. 동물이나 식물을 돌보는 것부터 무언가를
분해하고 조립하는 일까지 대부분 혼자서 조용히 할 수 있는
일을 즐겼지요.
안철수의 부모님은 아들의 이런 성격에 대해 걱정이
많았습니다. 아들이 다른 아이들처럼 밖에 나가서 뛰어
놀기도 하고, 때로는 흙투성이가 되어 들어오기를 바란 적도
있었대요. 하지만 안철수는 책을 읽는 것이 노는 것보다
재미있었습니다. 책을 통해 새로운 세상을 알아 가는 즐거움에
푹 빠졌던 것입니다.

안철수는 항상 책을 가까이했습니다.

하나 ‘책’은 안철수의 가장 친한 친구

초등학교 시절 안철수는 매일같이 학교 도서관에서 책을 빌려
읽을 정도로 책벌레였습니다. 책을 어찌나 많이 빌려 읽었던지
안철수의 도서 대출 카드는 빈칸을 찾아보기 힘들 정도로
꽉 차 있었습니다. 도서관 사서 선생님들이 처음에 안철수의
도서 대출 카드를 보고서는 그가 장난으로 대출 카드를 가득
채워 놓았다고 생각할 정도였다고 합니다. 이렇게 안철수는
초등학교를 졸업할 즈음에는 학교 도서관에 있는 책을 거의 다
읽을 정도로 독서에 푹 빠져 있었습니다.
안철수의 책 사랑은 중·고등학교에 가서도 계속됐습니다.
다른 친구들이 서로 어울려 놀거나 운동을 하는 시간에
안철수는 책을 읽었습니다. 이렇게 책에 파묻혀 산 덕분에
고등학교도 마치기 전에 웬만한 고전 소설과 추리 소설은 물론
수백 권이 넘는 전집을 읽어 냈답니다.

둘 한 글자도 놓치지 않는 독서 습관

안철수는 단순히 책을 많이 읽기만 하는 사람이
아니었습니다. 그에게는 다른 사람들은 흉내 내기 힘든
그만의 특별한 책 읽기 방법이 있었습니다.
우선 안철수는 책을 읽을 때 무턱대고 본문부터 펼쳐
읽는 법이 없었습니다. 표지부터 천천히 읽어 내려가기
시작해서 글쓴이의 이름과 출판사 이름까지 빠짐없이
챙겨 읽었습니다. 이어서 목차를 꼼꼼히 살펴보았지요.
여러 번 반복해서 목차를 읽다 보면 그 책의 전체적인
내용을 어느 정도는 이해할 수 있었기 때문입니다. 표지와
목차, 서문까지 한 글자도 놓치지 않고 다 읽은 뒤에야
그는 비로소 본문을 읽기 시작했습니다. 본문을 읽을 때도
안철수는 책 양쪽 끝에 적힌 쪽수까지 읽은 뒤에야 다음
장으로 책을 넘겼답니다. 본문을 다 읽었다고 해서 안철수의
책 읽기가 끝난 것은 아니었습니다. 책의 마지막 페이지에
나와 있는 발행인, 발행일, 편집자 이름과 책값까지 다 읽은
뒤에야 비로소 안철수의 독서는 끝이 났습니다. 이렇게
꼼꼼하게 책을 읽었기 때문에 안철수는 책의 내용을 오랫동안
기억할 수 있었고, 책에 나온 내용을 현실에서 잘 활용할 수
있었다고 합니다.

1974년. 안철수의 초등학교 졸업 당시 모습

셋 때와 장소를 가리지 않는 책 읽기

안철수의 책 읽기는 때와 장소를 가리지 않았고, 한번
읽기 시작하면 옆에서 무슨 일이 일어나는지 모를 정도로
집중력을 보였습니다. 어린 시절 학교까지 가는 버스가
있었지만 안철수는 버스를 타지 않고 걸어서 다니는 것을
좋아했다고 합니다. 사실은 걷는 것을 좋아했다기보다 학교와
집 사이를 걸어 다니면서 책을 읽는 것을 좋아한 것입니다.

출판사의 이름과
편집자의 이름까지 꼼꼼히
읽다니, 나도 한번 따라
해 볼까?

중·고등학교에 가서도 때와 장소를 가리지 않는 안철수의 책 읽기는 계속됐습니다. 수업 시간에도 선생님의 눈을 피해 교과서 뒤에 책을 숨겨 놓고 읽고는 했습니다. 어떤 때는 선생님이 눈치를 채고 있었지만, 슬쩍 모른 척해 준 적도 있다고 합니다.

안철수는 한번 책을 읽기 시작하면 시간 가는 줄도 모를 정도로 집중했다고 합니다. 잠깐 책을 읽기로 했다가 어느새 몇 시간이 지나 버려 집에 늦게 간 일이 한두 번이 아니었고, 방학이 되면 밤을 새워 책을 읽는 날도 적지 않았다고 합니다. 어머니가 집 안에 틀어박혀 책을 읽는 아들이 걱정된 나머지 억지로 아들을 문밖으로 밀어내기까지 했을 정도로 안철수의 책 읽기는 유별났습니다.

학생 시절 안철수는 도서관에서 살다시피 했고 덕분에 '책벌레'라는 별명이 생겼습니다.

넷   책을 통해서 세상을 배우다

안철수에게 책 읽기는 단순히 정보를 얻기 위한 일이 아니었습니다. 그에게 책 읽기는 세상을 알고, 세상을 살아가는 방법을 배우는 통로와도 같았습니다.

안철수가 바둑에 관심을 가지고 배워야겠다고 생각했을 때의 일입니다. 그는 우선 동네 서점을 찾아가 바둑에 관한 책을 읽기 시작했습니다. 한 권, 두 권 책을 읽어 나아가다 보니 어느새 동네 서점에 있는 바둑책은 모두 읽게 됐지요.

who? 지식사전

리처드 파인만은 20세기 최고의 물리학자입니다.

안철수의 책장 1 《파인만 씨 농담도 잘하시네》

독서광 안철수가 아끼는 책 중에 《파인만 씨 농담도 잘하시네》라는 책이 있습니다. 이 책은 노벨 물리학상을 받은 천재적인 물리학자 리처드 파인만의 이야기를 담고 있습니다. 장난기 넘치는 천재 물리학자의 인생을 담은 이 책은 안철수에게 특별한 교훈을 주었다고 합니다. 안철수는 이 책을 읽고 나서 세상에는 자신보다 훌륭한 진짜 천재들이 많다는 것을 깨닫고, 보다 겸손해질 수 있었다고 합니다.

50권 가까이 되는 바둑책을 읽은 안철수는 바둑을 배우기
위해 기원(바둑을 즐기는 사람들이 모이는 곳)을 찾았고,
얼마 지나지 않아 책에서 읽은 내용을 실전에 활용할 수 있게
됐습니다. 덕분에 안철수의 바둑 실력은 나날이 눈에
띄게 늘어 1년이 지나서는 아마추어 1단을 넘어서는
수준까지 오를 수 있었습니다. 이렇게 안철수는 새로운
일을 시작할 때 언제나 그 분야에 관한 책을 읽는 일부터
시작했습니다.
의과 대학을 졸업한 뒤 처음으로 컴퓨터를 사서 사용법을
배울 때도 마찬가지였습니다. 안철수는 프로그래밍을
해 보고 싶었습니다. 그래서 그는 프로그래밍의
기초가 되는 책을 사서 읽고 컴퓨터를 가장 잘 쓸 수
있는 방법을 책으로 익혀 나갔습니다. 이렇게 컴퓨터
지식을 차곡차곡 쌓았기 때문에 훗날 누구보다도 먼저
바이러스 백신을 만들 수 있게 됐습니다.

독서는 상상력과 사고력, 논리력을 길러 주는
활동입니다.

'안철수연구소'라는 회사를 만들고 대표 이사로 있었을 때
역시 안철수는 대표 이사의 임무를 제대로 수행하기 위해서는
경영에 대해 공부해야 한다고 생각했습니다. 마침내 그는
회사를 만든 지 얼마 지나지 않아 미국으로 유학을 떠나게
됩니다. 2년 동안 책 속에 파묻혀서 경영을 공부한 안철수는
우리나라로 돌아와 회사를 크게 성장시킬 수 있었습니다.

안철수의 책장 2 《만델라 자서전》

넬슨 만델라는 1933년 노벨 평화상을
공동 수상하였습니다.
ⓒ ProjectFrontDoor

안철수가 국회 의원으로 일하며 정치를 알아 가던 시기, 〈경향신문〉에 기고한
글에서 '내 인생의 책'으로 남아프리카 공화국 최초의 흑인 대통령인 넬슨 만델라의
자서전을 꼽았어요. 만델라는 일생을 인종 차별 폐지를 위해 싸우고도, 대통령이 된
이후에는 오히려 자신을 탄압한 백인들을 포용하려 한 인물이에요. 만델라의 삶을
통해 어려움을 이기고 신념을 지키며 살아갈 수 있는 용기를 얻을 수 있답니다.

또 다른 세상을 만나다

3

수업 끝났는데 어디 갈 거야?

제3강의실

도서관에 가서 시험공부해야지.

하긴. 우리가 강의실 아니면 도서관밖에 갈 곳이 더 있냐?

휴우

휴, 내 팔자야!

대학생만 되면 마음대로 놀 수 있을 줄 알았는데!

어쩔 수 없잖아. 사람의 몸을 다루는 일인데 사명감을 갖고 열심히 공부해야지.

철수는 엄청난 양의 공부와 성적에 대한 압박이 있는 대학 생활을 묵묵히 견디고 있었습니다.

상완골, 고관절, 견갑골, 대퇴골, 경골, 비골······.

어휴~ 밥 한 끼를 편하게 못 먹고 이렇게 살아야 하다니.

불평할 시간에 하나라도 더 봐 둬.

음냐음냐. 마취를 할 때는······.

철수는 최선을 다했지만, 가끔 견디기 힘든 순간이 찾아오기도 했습니다.

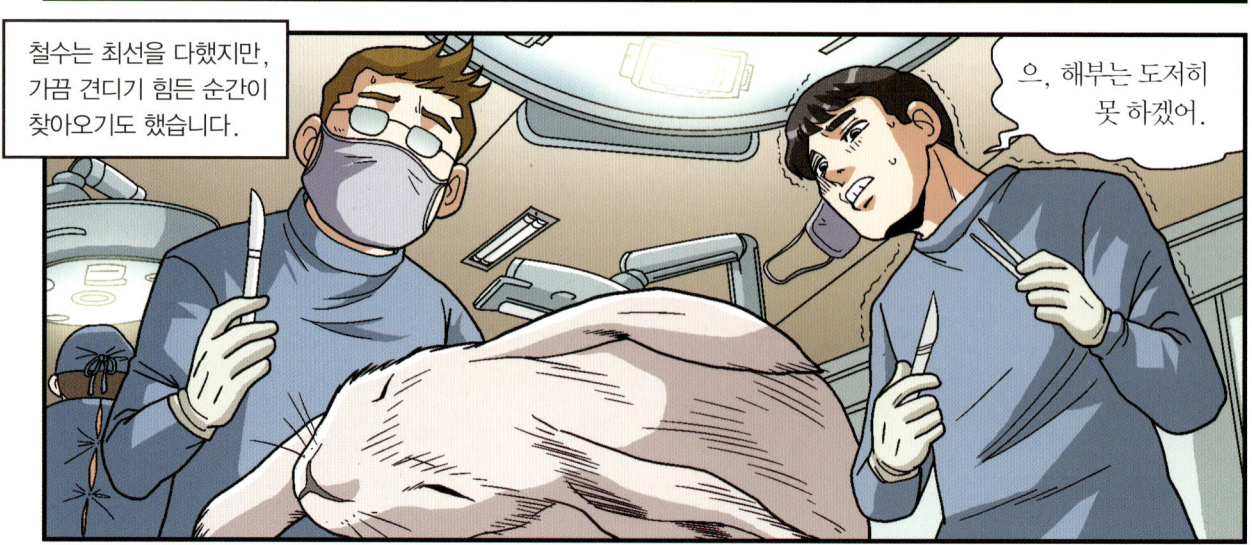

으, 해부는 도저히 못 하겠어.

철수는 곧장 부모님이 계신 부산으로 향했습니다.

오징어, 땅콩 있어요!

어떻게든 버텨내긴 했지만······.

이런 생활을 앞으로 계속할 자신이 없어.

게다가 학교를 졸업한다 해도 *전공의 과정이 남아 있고……

이 길이 정말 나와 맞는 걸까?

부 산 역

아~ 고향 냄새!

아이고, 우리 아들. 어서 와라.

그래, 지금 내 상황을 말씀드리자.

어머니!

* 전공의: 전문의가 되기 위해 병원에서 일정 기간 임상 수련을 하는 의사. 인턴과 레지던트를 이름

의사가 되는 길이 만만치 않지만 철수는 잘 해낼 거다.

엄마는 널 믿어. 그래도 방학에는 좀 쉬렴.

관두겠다는 얘기는 커녕 휴학하겠다는 얘기조차 못 하겠어…….

우적 우적

아버지, 어머니를 실망시키긴 싫어.

쩝쩝

결국 철수는 부모님께 아무 말도 못 하고 서울로 올라왔습니다.

몸조심하거라.

네, 어머니. 어서 들어가세요.

휴~ 조금 더 참아 볼게요.

부우우웅

하지만 서울로 올라온 철수의 고민은 더욱더 깊어졌습니다.

다음 주면 다시 학교에 가야 하네.

아, 모르겠다. 잠이나 자자.

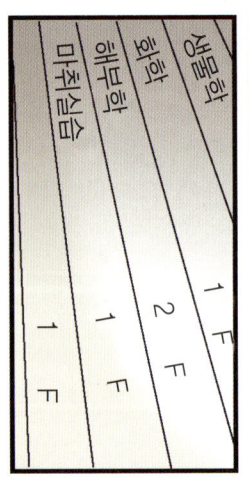

생물학 1 F
화학 2 F
해부학 1 F
미취실습 1 F

말도 안 돼. 모두 F라니!

안철수, 낙제!

덥썩

낙제라고?

멍청한 낙제생 같으니라고.

안철수, 실망이다!

쯧쯧. 일 년 더 다니다 와.

지금껏 공부에 대한 압박 때문에 하루도 편하게 잠을 자지 못했어.

이런 내 모습을 보면 아버지, 어머니도 실망하시겠지. 하지만 계속 이렇게 살 수 있을까?

어머니, 저 철수예요.

이 밤중에 무슨 일이라도 있는 거니?

전화번

어머니. 저...... 공부가 너무 힘들어요.

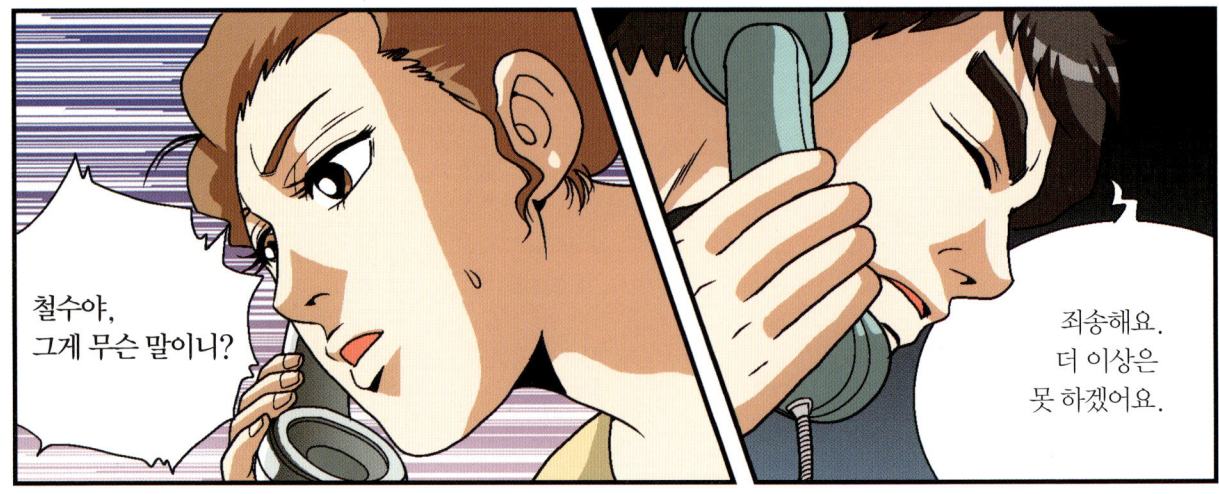

철수야, 그게 무슨 말이니?

죄송해요. 더 이상은 못 하겠어요.

우리 아들,
많이 힘들었구나.

죄송해요.
정말 죄송해요,
어머니.

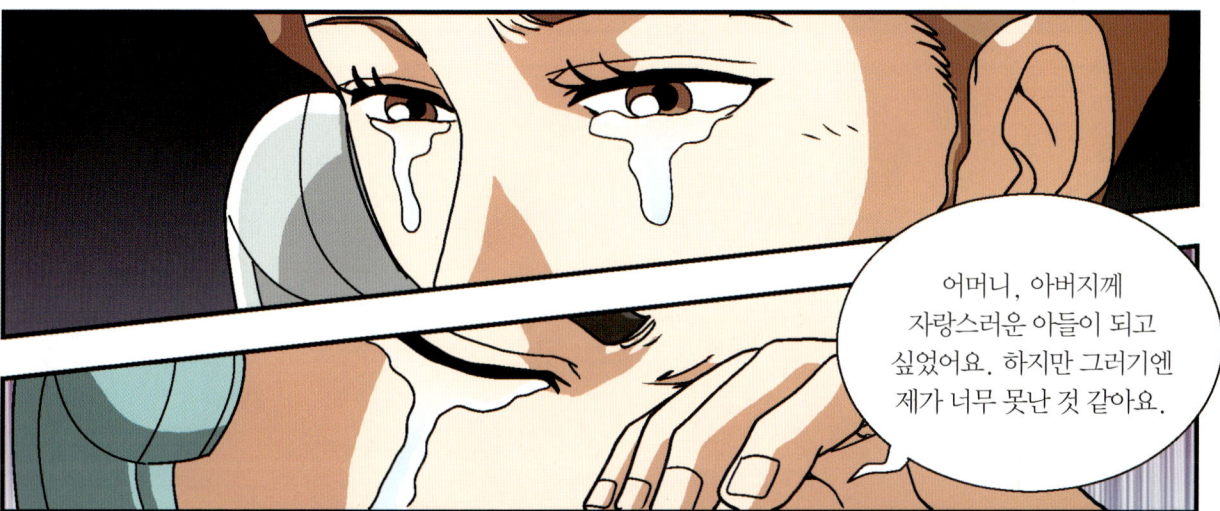

어머니, 아버지께
자랑스러운 아들이 되고
싶었어요. 하지만 그러기엔
제가 너무 못난 것 같아요.

네가 그렇게
힘든 줄도
모르고……

죄송해요.

철수는 어머니의 손에 이끌려 다시 부산으로 내려왔습니다.

우린 네가 이렇게
힘들어하는 줄 꿈에도
생각 못 했단다.

실망시켜서
죄송해요.

그렇게 힘들었으면
말을 하지 그랬니?

견뎌 낼 수 있을 거라고
생각했어요. 그런데 생각대로
마음이 잡히질 않았습니다.

힘들 때는 힘들다고
말해도 괜찮아.

내가 얘기해 둔 선생님이
있으니 내일 어머니랑
함께 찾아가 보거라.

네, 아버지.

어떻게 하면 마음이 좀 편안해질까요?

공부량이 많은 의대생들이 한 번쯤은 겪는 일이랍니다.

동아리 활동 같은 걸 해 보면 어떻겠니? 이럴 때일수록 환경을 조금 바꿔 보는 게 좋거든.

정신과 전문의 김

동아리 활동이요? 공부할 시간도 없는걸요.

선배가 하는 조언이라고 생각하고 한번 해 보거라. 분명히 도움이 될 거야.

서울로 올라온 철수는 *반신반의하는 마음으로
동아리 활동을 해 보기로 마음먹었습니다.

잘 생각했어. 나도
동아리 활동하면서
마음이 훨씬
편해졌거든.

정말이야?
나도 그랬으면 좋겠다.

들어와. 여기가
우리 학생회실이야.

가톨릭 학생회

가톨릭 신자도
아닌데
괜찮을까?

그런 건
상관없어.

어이~
여기 우리 동아리
신입 회원이 왔어.

일 정 표

* 반신반의: 얼마쯤 믿으면서도 한편으로는 의심함

반가워! 3학년이면
나하고 동갑이네.

으응, 반가워.
난 안철수.

오늘 신입생,
아니 중고 신입생
환영회 하자!

환영회는
핑계고 사실은 네가 놀고
싶은 거지?

너도 좋으면서
왜 이래?

의대하고는 분위기가
완전히 다르네.
오기를 잘한
것 같아.

하
하
하

호
호

철수야,
이번 의료 봉사에
너도 같이 가 볼래?

당연히 가야지.

의료
봉사?

가톨릭 학생회
무료

철수는 동아리를 통해 의료 봉사 활동을 시작하게 되었습니다. 이 활동을 하면서 철수는 지금까지와는 전혀 다른 세상을 만나게 되었습니다.

자~
시작합니다.

애기 엄마도
어디 아픈가?

아뇨, 저희 아이 감기가
낫질 않네요.

서울대 무료 의료 봉사

진료 받으실 분들은 이쪽으로 줄을 서 주세요.

료 의료 봉

지난번보다 훨씬 많이 오신 것 같아.

그러게.

그럼 수고해. 난 움직이기 힘든 어르신들 방문 진료하고 올게.

그래, 다녀와.

다음 분 앉으세요.

아이고~ 오늘따라 무릎이 더 쑤시네.

어? 할머니, 오늘은 혼자 오셨네요?

으응, 그렇게 됐어.

늘 같이 오던 손녀딸은 어디 갔나 봐요?

그 아이는 이제 안 올 거야.

아니, 왜요?

…….

건강 진료표

그 아이가 나 때문에 고생이 많았어.

그 어린것이 신문 배달까지 하면서 돈을 벌었는데 더는 버티기가 힘들었나 봐.

몰래 짐을 꾸려 나가는데, 알고도 잡을 수가 없었어.

내가 더 이상 짐이 되어서는 안 될 것 같아서.

가난 때문에 가족을
떠나보내야 하다니……
말도 안 돼!

아이고, 이 늙은이가
주책을 부렸네. 그만 가 볼게.

할머니, 약 잘 드시고
다음에도
꼭 오셔야 해요.

고마워.
젊은 의사 선생.

오늘의 일정

접삽자

삽자

할머니의 뒷모습을 보면서 철수는
머릿속이 복잡해졌습니다.

의사가 되기 위한 과정

십 대 시절 공학도를 꿈꾸던 안철수는 진로를 결정하기 전에 깊은 고민에 빠졌습니다. 그의 아버지는 그가 의사가 되기를 바랐고, 안철수는 결국 의과 대학에 입학했습니다. 하지만 의대에 입학했다고 해서 모두 의사가 될 수 있는 것은 아니었습니다. 스무 살 청년 안철수를 기다리고 있던 것은 낭만적인 대학 생활이 아니라 엄청난 공부량과 성적에 대한 압박감이었습니다. 매일같이 엄청난 양의 공부를 소화해야 했고 실습 과정도 만만치 않았습니다.

모든 일에 신중하고 쉽게 포기하는 일이 없었던 안철수조차도 몇 번이고 중간에 그만둘 생각을 할 정도로 의사가 되는 과정은 길고 힘들었습니다. 그럼 지금부터 어떻게 하면 환자들의 소중한 생명을 구할 수 있는 의사가 될 수 있는지 알아볼까요?

안철수가 다녔던 서울 대학교의 정문

하나 ▷ 공붓벌레가 돼야 하는 의대에서의 6년

의과 대학은 다른 대학과 달리 3~4년제가 아닌 6년제로 되어 있습니다. 처음 2년 동안은 의예과 과정으로, 이때는 여느 대학생들처럼 다양한 교양 과목과 함께 의학을 배우기 위한 기초가 되는 학문인 생물학, 화학 등을 배우게 됩니다. 의예과를 무사히 마친 의대생들은 이제 본과라고 부르는 4년 동안의 과정을 거치게 됩니다. 이때부터 본격적으로 의사가 되기 위한 전문적인 지식을 배우게 되지요. 인체에 대한 지식을 쌓는 해부학과 생물학부터 혈액학, 감염학, 면역학, 병리학과 같은 엄청난 양의 전문 지식을 쌓습니다. 또한 소아과, 외과, 내과 등 종합 병원에 있는 다양한 전문 분야를 실습을 통해 배우게 됩니다.

서울대 입학 당시 안철수의 모습(맨 오른쪽)

안철수도 이 과정이 너무 힘들어 휴학을 생각했을 정도로 이 시기에는 많은 시간을 들여 공부에 전념해야 하는 때입니다.

둘 **병원 생활의 시작, 1년간의 수련의 생활**

6년 간의 의과 대학 생활을 마치고 졸업을 하게 될 즈음 '의사 국가 고시'라는 시험을 봐야 합니다. 여기서 합격해야만 의사 면허증을 받을 수 있습니다. 면허증을 받으면 공식적으로는 의사 자격은 얻지만 실제로 환자를 진료하려면 몇 가지 과정을 더 거쳐야 합니다. 가장 먼저 거치는 과정을 '수련의 과정' 혹은 '인턴 과정'이라고 부릅니다.

수련의 과정은 1년 동안 진행되는데 이때는 병원에 있는 모든 과를 한 번씩 돌아가면서 경험하게 됩니다. 몇 달은 응급실에서, 몇 달은 내과에서, 몇 달은 외과에서 보내는 식입니다. 수련의는 교수님이나 전문의들을 보조하면서 실제 환자를 진료하게 되며, 이 과정을 통해서 자신의 적성에 맞는 전공을 찾아 나가게 됩니다. 물론 누구나 자신이 원하는 전공을 선택할 수 있는 것은 아닙니다. 의과 대학에서의 성적, 수련의 과정 동안에 보여 준 능력에 따라 자신의 전공이 결정됩니다.

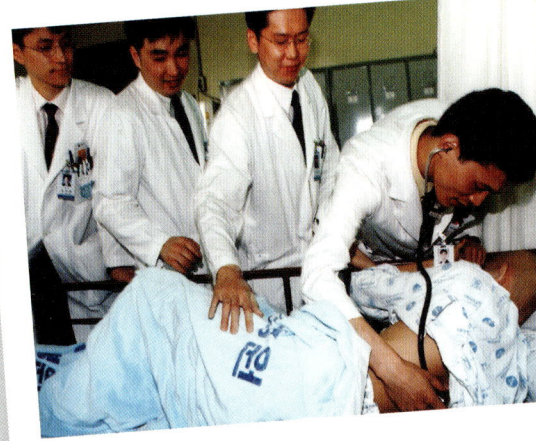

수련의는 실제 환자를 진료합니다.

who? 지식사전

군의관과 공중 보건의

대한민국의 신체 건강한 남자라면 누구나 군대를 다녀와야 합니다. 의사에게도 국방의 의무는 마찬가지로 적용됩니다. 하지만 의사가 가진 진료 능력이 군대 생활로 단절되는 것을 막고, 의사의 능력을 사회적으로 활용하기 위해서 일반 군인과는 조금 다른 군대 생활을 하게 됩니다. 의사는 '군의관'이라는 신분으로 군대에서 병사들의 질병을 치료하거나, 병원 시설이 부족한 시골이나 산간 등의 보건소에서 '공중 보건의'라는 이름으로 국방의 의무를 수행하게 됩니다.

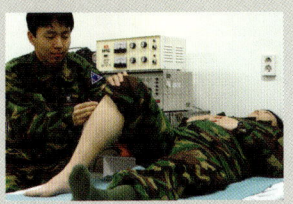

군의관은 군인을 진료하고 치료합니다.

셋 전문적인 수련을 하는 전공의 과정

1년간의 수련의 과정을 마친 초보 의사들은 이제 좀 더 숙련된 의사가 되기 위한 과정을 거치게 됩니다. 이 과정을 '전공의 과정' 혹은 '레지던트 과정'이라고 부르는데 전문의가 되기 위한 마지막 수련 과정이라고 할 수 있습니다.

이때부터는 내과, 외과, 소아과, 산부인과, 응급의학과와 같이 자신의 전공 분야를 정한 뒤, 그 분야에 대한 전문가가 되기 위해 진료와 수련을 거치게 됩니다. 전공의 과정은 보통 4년 정도가 걸립니다. 일반적으로 첫 해에는 자기 환자를 맡아 주치의로서 진료를 보게 되고 2년째가 되면 증상이 좀 더 심한 환자의 주치의가 되어 환자를 치료하게 됩니다. 3년째를 거쳐 4년째에 접어들면 '치프'라고 부르는 선임 전공의가 되어 치료가 어려운 환자까지 맡아서 진료를 보게 됩니다. 전공의 과정에 있는 의사들은 일주일에 평균 90시간을 일합니다. 조금도 쉬지 않고 일한다고 해도 하루에 13시간 정도 환자를 보아야 할 만큼 쉴 틈이 없지요.

전공의 과정의 마지막 해에 '치프'가 되면, '전문의 자격 인증 시험'을 준비해야 합니다. 환자를 직접 진료하는 시간은 조금 줄어들지만 진료와 공부를 겸해야 하기 때문에 노력을 게을리할 수 없습니다.

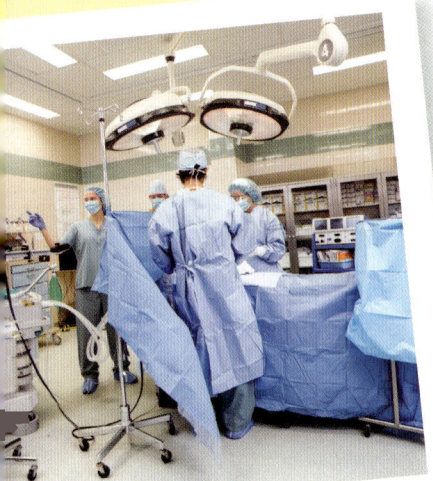

전공의는 전공 분야에 대한 수련을 합니다.

who? 지식사전

의학 전문 대학원

의과 대학에 진학하지 않고도 의사가 될 수 있는 방법이 있습니다. 의학 전문 대학원은 의과 대학이 아닌 일반 대학을 졸업한 사람들이 의사가 될 수 있는 길을 열어 주기 위해 만든 대학원으로, 다양한 사회 경험과 지식을 가진 사람들이 의사가 되어 환자들을 치료한다면 의료의 질이 높아질 것이라는 취지에서 만들어졌습니다. 의학 전문 대학원에서는 의과 대학에서와 마찬가지로 4년 동안 의사가 되기 위한 교육과 수련을 집중적으로 받게 됩니다.

의과 대학에 진학하지 않은 학생들은 반드시 의학 전문 대학원이 아니더라도 편입 제도(한 대학에서 다른 대학으로 옮기는 제도) 등을 통해 의대에 진학할 수도 있습니다.

넷 　전문의와 의학자

6년의 의과 대학 생활, 1년의 수련의 생활에 이어 4년
동안의 전공의 생활을 마치고 나면 비로소 '전문의'라고
부르는 의사가 될 수 있는 자격이 주어집니다. 전문의는
자기의 전공 분야에서 높은 수준의 전문성을 가졌다는
것을 인정받은 의사라고 할 수 있습니다. 높은 전문성을
필요로 하기 때문에 전공의 과정을 끝냈다고 해서 누구나
전문의가 될 수는 없습니다. 전문의가 되기 위해서는
'전문의 자격 인증 시험'에서 합격을 해야만 합니다. 물론
전공의 과정까지 성실하게 마친 의사들이라면 대부분이
시험을 통과할 수 있다고 합니다. 전문의 자격까지
갖추게 된 의사들은 대학 병원이나 종합 병원 등에서
의사로 활동하거나 자신의 병원을 열고 환자를 진료할 수
있습니다.

지금까지 설명한 것과 같이 수련의, 전공의 과정을 거쳐
전문의가 되어 직접 환자를 진료하게 되는 의사가 많지만
이와는 다른 길을 가는 의사도 있습니다.

바로 '의학자'가 되는 것입니다. 안철수는 인간의 몸에서
일어나는 전기적인 반응을 연구하는 '전기 생리학'이라는
의학 분야를 전공으로 택해서 석사, 박사 과정을 거쳐 학문을
연구하고, 의과 대학에서 강의도 하는 의학자로 활동한 적이
있습니다.

이처럼 의학자는 병원에서 환자들을 직접 진료하는 일보다는
의학을 연구하는 학자로서의 역할을 주로 맡게 되지요.
바이러스, 박테리아와 같은 병원체에 대한 기초적인
연구에서부터 질병을 일으키는 원인과 질병을 치료할 수 있는
약물을 개발하는 일 또한 의학자가 하는 일입니다.

의과 대학을 졸업한 뒤 환자를 직접 치료하는 전문의가
될 수도 있고, 의학을 연구하는 의학자가 될 수도
있습니다.

의사라는 직업이
환자를 진료하는 일만 하는 게
아니구나.

낮에는 의사, 밤에는 프로그래머

4

의대를 졸업한 안철수는 대학원에 진학하기로 결정했습니다.

철수 넌 대학원에 가기로 했다며?

응, 기초 의학 공부를 좀 더 해 보려고.

으아~ 공부라면 지겹지 않니? 6년이나 책하고 씨름했잖아.

맞아, 난 어서 병원에 나가 환자들을 보고 싶은데.

* 전기 생리학: 사람의 몸에서 일어나는 전기적인 반응을 연구하는 기초 의학의 한 분야

학교에서 사용해 보긴 했지만 내 컴퓨터를 갖게 된 건 처음이야.

자, 이제 무엇부터 할까?

요즘 *테트리스가 최고의 인기 게임이란 말이지.

무슨 그런 고민을! 컴퓨터를 샀으면 게임부터 해야지.

어이쿠!

앗

탁 탁 탁 탁 탁

좀 비켜 줄래? 게임이나 하자고 몇 달 동안 돈을 모은 건 아니거든!

* 테트리스: 1984년 개발된 퍼즐 게임의 한 종류

그럼 뭐, 문서 작성이라도 하려고?

난 *프로그래밍을 배울 거야. 내 컴퓨터에 관심 꺼 줘.

아니, 의대생이 무슨 프로그래밍이야?

아무것도 모르는 소리 하지 말라고.

의대생도 이제 수술칼만큼이나 컴퓨터를 잘 다뤄야 하는 시대가 올 거란 말이야.

컴퓨터를 잘 활용하려면 역시 프로그래밍을 배워 두는 게 좋겠지.

컴퓨터 프로그래밍의 기초

Windows

* 프로그래밍: 컴퓨터 프로그램을 만드는 일

이렇게 해서 낮에는 의학을, 밤에는 컴퓨터를 공부하는
안철수의 이중생활이 시작됐습니다.

컴퓨터 언어라는 게
알수록 재미있네.

보고서 제출 마감
기한은 내일입니다.

아이고, 철수 학생.
또 그 컴퓨터 붙잡고
밤을 새운 거야?

아함~

잠을 그렇게
안 자고 어떻게
버티는지.

정말 못 말리는
학생이라니까.

쿨쿨

그러던 어느 날.

오전 내내 수업하느라 다리가 후들거려.

이쪽으로 와서 좀 쉬세요.

안 조교는 뭘 그렇게 열심히 보시나?

이 기사 좀 보세요. 신종 바이러스가 발견됐대요.

무슨 병인데?

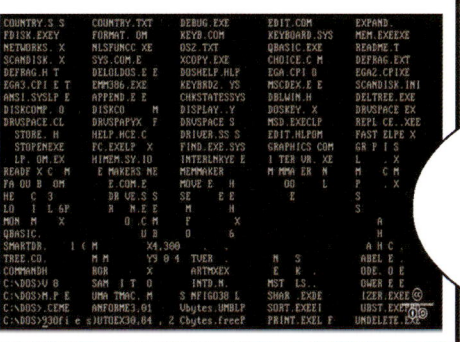

COMPUTER WORLD

세계 최초! 브레인 바이러스 발견

최초의 바이러스로 생각되는 컴퓨터 바이러스가 발견됐다. 이름은 브레인 바이러스 ……

'브레인'이라는 컴퓨터 바이러스예요.

엇? 이건!

이상한 문자들이
있어.

이거야!
브레인 바이러스!

월간 마이크로 소프트웨어 잡지사.

월간 마이크로 소프트웨어

아직도 원고를
안 주시면
어떻게 해요?

이번 호 헤드라인을
뭘로 잡지?

난 이틀 동안 꼬박 밤새운 사람이라고.
잠깐 눈 좀 붙이자. 응?

잡지사입니다.
무슨
일이시죠?

안녕하세요. 제가
브레인 바이러스의
치료 방법을 알아낼 것
같은데요.

컴퓨터 바이러스
치료 프로그램을
잡지사를 통해서
사람들에게 나눠 줬으면
합니다.

브레인 바이러스가
확실히 치료가 된다면야
못할 것도 없습니다만.

그럼 일주일 뒤에
잡지사로 가지고
찾아가겠습니다.

뭐래?

일주일 뒤에
바이러스 치료 프로그램을
가지고 오겠답니다.
어떻게 하죠?

어떻게 하긴!
믿어 봐야지.

국내 최초로 컴퓨터
바이러스 치료 방법을
싣게 된다면, 이건 대단한
특종이야!

이렇게 해서 안철수가 만든 국내 최초의 컴퓨터 바이러스 치료 프로그램 '백신'이 많은 사람들에게 알려지게 됐습니다.

백신에 대한 반응은 뜨거웠습니다.

마이크로 소프트웨어 잡지사입니다.

네. 백신으로 브레인 바이러스를 치료하실 수 있어요.

감염된 디스켓을 여기로 보내신다고요?

이것 좀 받아 주세요.

이게 다 독자들이 치료해 달라고 보내온, 바이러스에 감염된 디스켓이랍니다.

휴

이, 이걸 다 고쳐 달라고요?

턱

이때부터 매일 새벽 3시에 일어나 아침까지
컴퓨터 백신을 연구하는 생활이 시작되었습니다.

으~ 벌써 3시네.

어제 새로 발견된
바이러스의
백신을 아직 못
만들었어.

바이러스 피해가 더
늘어나지 않게 어서
만들어야지.

낮에는 대학원
공부를 해야
하니까,

백신을 개발할 수
있는 시간은 하루에
3시간뿐이야.

더 집중해야 해,
안철수.

백신 개발뿐만 아니라 의사로서도 인정받은 안철수는
서울대 의과 대학에서 조교로 일하다가 단국대 의과 대학의
전임 강사로 발탁되었습니다. 게다가 스물일곱 살의 어린
나이에 최연소 의예과 학과장의 자리에 오르게 되었습니다.

단국 대학교

축하하네.
만날 백신인지 뭔지
만든다고 바쁘더니
승진은 우리보다
먼저로군.

하하,
그렇게 되었네.

다 시간을
쪼개 쓰며 열심히
일한 결과지.

조만간
축하 파티라도
해야겠어.

앞으로 할 일이
더 많아지겠구나.

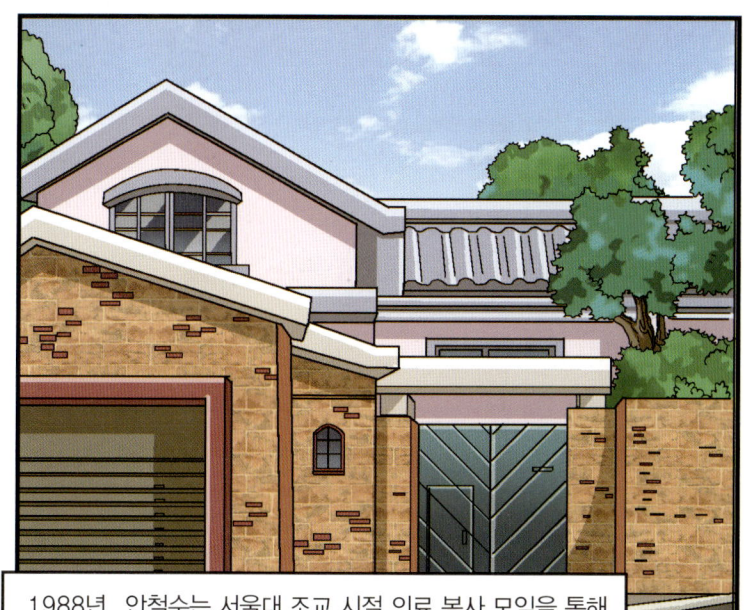

여보, 또 컴퓨터예요?

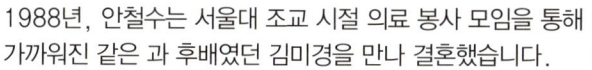
1988년, 안철수는 서울대 조교 시절 의료 봉사 모임을 통해 가까워진 같은 과 후배였던 김미경을 만나 결혼했습니다.

늘 하던 일인데 오늘이라고 다를 게 있나요.

이제 백신 개발은 그만하고 병원 일에 더 힘써야 하지 않을까요? 아버님도 걱정하세요.

아버지께서요?

걱정하지 말아요. 아직까진 둘 다 최선을 다하고 있어요.

그 뒤로도 안철수는 백신 개발을 계속해 나갔습니다.

조금만 더 하면 돼!

하루도 안 빠지고 새벽까지 백신을 개발하다니, 피곤해서 어떡해요.

좀 힘들긴 하지만 그래도 마음은 아주 편해요. 백신을 만들다 보면 긍정적인 생각이 들거든요.

긍정적인 생각이요?

내가 사회에 뭔가 도움이 되는 일을 하고 있다는 생각. 백신을 통해 세상을 고치는 일을 하고 있다는 생각 말이에요.

그럼요. 당신이야말로 컴퓨터 고치는 의사 선생님이시죠.

오~ 기분 좋은데요?

컴퓨터 바이러스와 백신

컴퓨터 바이러스는 컴퓨터 속에 프로그램의 형태로 숨어 있으면서 시스템이나 데이터 파일 등을 망가뜨려 컴퓨터를 작동 불능 상태로 만들어 버립니다. 생명체 속에 살면서 스스로를 복제해 각종 질병을 일으키는 생물학적 바이러스와 비슷하여 이런 이름이 붙었지요. 인터넷이 없던 시절에는 플로피 디스크와 같은 이동식 저장 장치를 통해서 바이러스가 옮겨 다녔기 때문에 다른 컴퓨터로 전염되는 속도가 그렇게 빠르지 않았습니다. 하지만 초고속 인터넷을 쓰는 지금, 컴퓨터 바이러스는 그야말로 빛의 속도로 전파되어 사람들의 일상생활까지 마비시킬 수 있는 위험성을 가지게 됐습니다.

현대인의 일상에서 컴퓨터를 빼놓을 수 없습니다.

하나 　컴퓨터 바이러스의 등장

'컴퓨터 바이러스'라는 이름은 1972년 발표된 《할리가 하나였을 때》라는 제목의 공상 과학 소설에서 처음 쓰이기 시작했습니다. 현실에서 처음 발견된 컴퓨터 바이러스는 '크리퍼'라는 이름의 바이러스였습니다. 인터넷이나 개인용 컴퓨터가 보급되기 전인 1970년대 초반, 아르파넷이라는 미국의 연구용 네트워크에서 발견된 이 바이러스에 감염되면 '난 크리퍼다. 날 잡을 수 있으면 잡아 봐!'라는 메시지가 떴다고 합니다. 지금처럼 시스템이나 데이터를 파괴하는 기능은 없고, 자기 복제 기능만 있는 실험적인 바이러스였습니다.

컴퓨터의 중요성만큼 컴퓨터 바이러스로 인한 피해도 커지고 있습니다.

개인용 컴퓨터에서 처음 발견된 바이러스는 '브레인 바이러스'입니다. 1986년 파키스탄의 형제 프로그래머가 만든 이 바이러스는 기본 메모리를 감소시켜 부팅이 되지 않거나 디스크를 인식하지 못하게 했습니다. 우리나라까지 퍼지는 데는 무려 2년이라는 시간이 걸렸는데, 이때는 '바이러스'라는 이름 때문에 사람들은 컴퓨터 바이러스를 생물학적 바이러스와 혼돈하여 바이러스에 걸린 디스켓이나 컴퓨터를 만지면 신체에 감염된다고 생각하기도 했답니다.

둘 ❯ 안철수, 국내 최초의 바이러스 백신을 만들다

의과 대학에서 강의를 하며 조교 생활을 하던 안철수는 몇 달 치 월급을 모아 산 컴퓨터로 프로그래밍을 공부하고 있었습니다. 그러던 어느 날, 컴퓨터 잡지를 통해서 브레인 바이러스에 대해 알게 됐고, 곧바로 자신이 가지고 있는 플로피 디스크들을 검사해 보기 시작했습니다. 곧 브레인 바이러스를 발견하게 된 안철수는 얼마 가지 않아 이에 대한 분석을 완벽하게 마칠 수 있었습니다. 그는 잡지사에 전화를 걸어, 브레인 바이러스를 치료할 수 있는 백신을 만들 테니 잡지에 그와 관련된 기사와 백신이 담긴 디스켓을 실어 달라고 부탁합니다. 만들어 놓지도 않은 백신을 만들겠다는 약속을 먼저 해 버린 안철수는 잡지사와 약속한 날짜까지 며칠 밤을 꼬박 새워 가며 백신 개발에 집중했습니다.

이렇게 해서 탄생한 것이 우리나라 최초의 컴퓨터 바이러스 백신 'V1'이었습니다. 'V'는 의학 용어 '백신(Vaccine)'에서 첫 알파벳을 따온 것입니다.

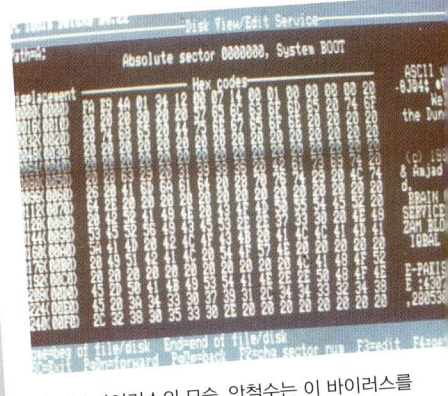

브레인 바이러스의 모습. 안철수는 이 바이러스를 해결할 백신을 만들었습니다.

who? 지식사전

악성 코드

악성 코드는 자기 복제를 통해 전염되어 컴퓨터 운영 체제와 데이터를 파괴하는 컴퓨터 바이러스와는 다르지만, 컴퓨터와 인터넷 사용자에게 큰 해를 끼치는 프로그램입니다. 주로 인터넷을 통해 전파되는데, 악성 코드가 숨겨진 사이트에 접속하기만 해도 자동으로 설치되어 버립니다. 악성 코드는 개인 정보를 훔쳐 가거나, 좀비 PC(바이러스에 감염된 것을 알지 못한 채 원격 조정 당하는 PC)로 만들어 또 다른 컴퓨터 범죄에 이용하기도 합니다.

셋   **최악의 컴퓨터 바이러스 Top3**

미켈란젤로 바이러스: 위대한 화가 미켈란젤로의 생일인 3월 6일이 되면 컴퓨터 기능을 마비시키는 바이러스로 1991년 호주에서 처음 발견됐습니다. 미켈란젤로 바이러스는 플로피 디스크라는 이동식 저장 장치로만 전염이 됐는데 많은 사람들이 미리 백신을 깔아 둔 탓에 전 세계 1만 대 정도의 컴퓨터만을 감염시킨 뒤 멸종됐다고 합니다.

CIH 바이러스: 1998년에 나타난 이 바이러스는 체르노빌 원자력 발전소가 폭발한 날인 4월 26일에 작동한다고 해서 체르노빌 바이러스라고도 불렀습니다. CIH 바이러스는 컴퓨터에 저장된 데이터의 주소를 망가뜨려 데이터 전체를 사용할 수 없도록 만들어 버리거나 심하면 컴퓨터 자체를 쓸 수 없도록 해 버립니다. 우리나라에서도 많은 컴퓨터를 감염시켜 큰 피해를 입혔으며, 사람들은 CIH 바이러스로 인해 백신 프로그램의 중요성을 알게 되었습니다.

멜리사 바이러스: 1999년 미국의 데이비드 스미스라는 사람에 의해 만들어진 바이러스입니다. 바이러스의 이름인 '멜리사'는 미국 플로리다에서 활동했던 한 무용수의 이름에서 따온 것이라고 합니다. 멜리사 바이러스는 마이크로소프트사의 MS-워드 파일을 통해서 감염되도록 설계되어 있었습니다. 이 바이러스는 감염된 PC의 주소록을 몽땅 뒤져서 그중 50명을 골라 자동으로 메일을 보내도록 되어 있습니다. 물론 여기엔 멜리사 바이러스가 포함되어 있습니다. 멜리사 바이러스는 이렇게 인터넷을 통해 전 세계에 아주 빠른 속도로 퍼져 나갈 수 있었습니다. 멜리사 바이러스를 퍼뜨린 데이비드 스미스는 나중에 체포되어서 징역과 벌금을 선고받았고, 법원의 허락 없이는 컴퓨터를 사용할 수 없는 형벌도 함께 받았다고 합니다.

1990년대에는 이동식 저장 장치로 플로피 디스크를 사용했습니다.

안철수는 안철수연구소를 통해 바이러스 치료 백신을 개발했습니다.

컴퓨터 바이러스와 이를 치료하는 백신은 창과 방패와 같은
관계에 있습니다. 늘 새로운 방법으로 컴퓨터에 침입해
피해를 일으키는 컴퓨터 바이러스와 이를 막으려는
백신의 대결이 끊임없이 벌어지고 있지요. 그렇다면
컴퓨터 바이러스를 치료하는 백신은 어떻게 만들어지는
걸까요?
백신 프로그램이 컴퓨터 바이러스를 찾아내기 위해서는
우선 바이러스 서명을 알아내야 합니다.
컴퓨터 바이러스에는 사람의 지문과 같은 고유한
문자열이나 패턴이 있습니다. 백신 프로그램을 만드는
사람들은 일단 컴퓨터 바이러스가 발견되면 분석을 통해 그
바이러스의 고유한 서명을 알아내서 백신 데이터베이스에
등록을 합니다. 이렇게 등록을 해 두면 누군가의 컴퓨터에
등록된 바이러스가 침입하려고 할 때 백신 프로그램이 먼저
발견해서 컴퓨터 바이러스를 삭제하거나 설치되는 것을 막을
수 있습니다. 또한 이미 바이러스에 감염된 파일이 있더라도
이를 찾아서 치료할 수 있게 됩니다.
하지만 이미 감염된 파일이나 데이터를 완벽히 복구할 수
없는 경우도 많습니다. 따라서 컴퓨터 바이러스는 미리미리
예방하는 것이 중요합니다.

안철수연구소에서 개발한 V3 백신은
순수 국내 기술로 개발되었습니다.

who? 지식사전

악성 코드를 이용한 해킹, '스미싱'을 조심하세요!

많은 사람들이 컴퓨터나 스마트 기기를 한 대 이상 갖게 되면서, 시스템을 파괴하는 컴퓨터 바이러스에 의한 피해보다도
악성 코드 프로그램을 이용한 해킹의 피해가 더욱 커지고 있습니다. 해킹은 컴퓨터나 네트워크 시스템의 보안이 취약한 곳을
찾아 몰래 침입한 뒤, 저장된 정보를 훔치거나 시스템을 망가뜨리는 것을 말해요. 특히 요새는 '택배 문자' 등을 가장한 문자
메시지를 보내 악성 코드를 설치, 개인 정보를 빼내는 '스미싱'과 같은 범죄 행위가 기승을 부리고 있답니다.

초보 CEO 안철수

안철수는 군대에서 병사들을 치료하는 군의관으로 근무하게 되었습니다.

힘들고 바쁜 군대 생활 중에도 안철수는 백신 개발을 멈추지 않았습니다. 근무 시간 외에는 계속해서 백신을 연구했습니다.

여보, 나 왔어요. 충성!

여보!

안철수 선생님이세요?

네, 그렇습니다.

저희 회사 컴퓨터가 새로운 바이러스에 감염되어 중요한 자료가 손상된 것 같습니다. 선생님께서 봐 주실 수 있을까요?

아, 그렇군요. 제가 직접 가 보도록 하겠습니다!

여보, 나 잠깐 다녀올게요.

어디 가세요?

이 무렵 안철수의 이름은 이미 널리 알려진 상태였습니다. 새로운 바이러스가 출현할 때마다 기업과 공공 기관 등에서 그에게 도움을 요청했습니다.

조금만 더 하면 마무리할 수 있는데 출근해야 할 시간이잖아.

바이러스 피해를 입은 사람들한테는 1분 1초가 귀한 시간이야.

시간이 절대적으로 부족해.

안철수는 고민 끝에 의사를 그만두고 백신 개발에 전념하기로 결심했습니다.

하지만 10년 넘게 고생하면서 공부해 온 게 아깝지도 않으세요?

당신 생각이 그렇다면 그렇게 하세요.

후회는 없어요. 훌륭한 의사는 나 말고도 많아요. 하지만 백신 개발은 내가 아니면 누구도 할 수 없을 것 같아요.

무엇보다 백신 개발에 빠져 있었던 지난 6년이 나는 정말 행복했어요. 의사로서 느끼는 보람과 기쁨보다 더 말이에요.

여보, 나를 믿어 줘요! 이 길이 내가 가야 할 길이라는 확신이 있어요.

저는 당신을 믿어요. 하지만 아버님이 실망하실까 봐 걱정돼요.

어머니, 괜찮을까요?

그러게. 아버지가 실망이 크실 텐데…….

무슨 연구소를 만든다면서?

네, 아버지.

연구소도 좋지. 그래, 무슨 병을 연구하는 곳이냐?

그게…….

컴퓨터 바이러스 백신을 만드는 연구소예요.

컴퓨터 바이러스 백신?

컴퓨터가 일상생활에서
중요해진 만큼 꼭 필요한 일이에요.
지금 우리나라에는 이 일을
할 수 있는 사람이
저밖에 없어요.

으음.

지금까지 의사로서
살아온 길을
포기하겠다는
거냐?

아버지,
전 이 일이
좋아요. 또
우리 사회에
꼭 필요한
일이에요.

후회하지 않을
자신은 있겠지?

절 믿어 주세요,
아버지.

분위기가
괜찮아 보이지?

휴~
다행이에요.

백신 연구소를 설립하기 위해서는 지원금이 확보되어야 합니다.

우선은 공공 기관의 도움을 받아 내는 거야. 그럼 다른 기업들의 도움을 얻기도 쉬워질 거야.

백신 연구소 문제로 전화 드렸던 안철수라고 합니다.

컴퓨터 백신 연구소 설립 계획

앉으시죠.

○○○ 과장

'앞으로 컴퓨터 바이러스는 더욱더 늘어나게 되고, 피해도 커지게 된다'라······.

그래서 백신 프로그램의 개발과 연구가 꼭 필요하다는 이야기네요.

네, 맞습니다.

좀 더 검토해 보고 연락 드리죠.

네.

애써 만든 걸 왜 무료로 나눠 준다는 거야? 그게 말이 되나?

아직 사람들은 컴퓨터 바이러스의 위험을 못 느끼고 있어.

하지만 분명 내 뜻을 알아주는 누군가가 있을 거야.

몇 달의 시간이 흘렀지만, 앞이 보이지 않는 답답한 상황이 계속됐습니다.

통신 요금이 이렇게 많이 나오다니!

여보, 왜 그러세요?

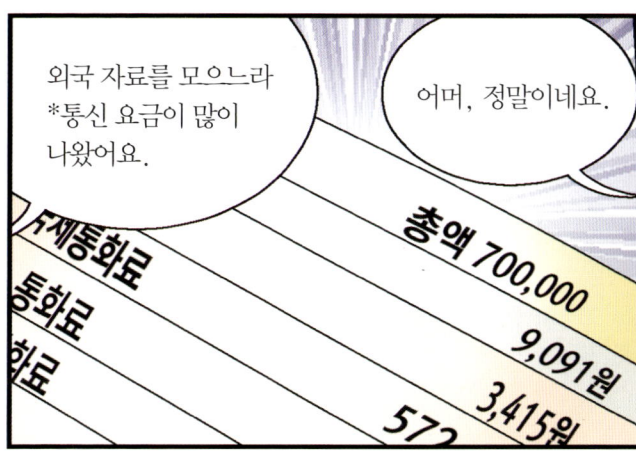

외국 자료를 모으느라 *통신 요금이 많이 나왔어요.

어머, 정말이네요.

총액 700,000
9,091원
3,415원
572

당신한테 면목이 없네요. 아직 제대로 사업을 시작하지도 못했는데.

사업이 쉬운 일이 아니라는 건 저도 알아요. 기운 내세요.

따르릉

따르릉

* 초창기 PC 통신은 전화망을 이용하여 네트워크에 접속했다.

어려움에 빠져 있던 안철수에게 한 소프트웨어
회사에서 연락해 왔습니다.

안철수입니다.

안 선생님
저희가 백신 연구소
설립에 자금을
투자하고 싶습니다.

네에?

갑자기
어딜 가세요?

다녀와서 자세히
말해 줄게요.
드디어 연구소를 세울 수
있을 것 같아요!

회의중

저희에게 백신 프로그램의
독점 판매권을 주시면
해마다 5억 원의 매출을
보장하겠습니다.

하지만 연구소를 운영하는 일은
쉽지만은 않았습니다.

네? 그게
무슨 말씀이세요?

죄송합니다. 회사 사정이
갑자기 안 좋아져서 더 이상
지원금을 드릴 수 없게
되었습니다.

약속했던 지원금이
없으면, 연구소를
운영할 수가 없습니다.

백신을 유료로
판매하기로까지
했잖습니까?

죄송합니다.
아직 컴퓨터 바이러스의 위험에
대해서 사람들이
잘 몰라요.

아!

휴~ 이번 달도 *적자야.

나야 고생을 각오했지만 직원들에게 월급은 줘야 하는데.

부끄럽지만 지금은 이 방법밖에 없어.

어머니, 저 철수입니다. 죄송하지만 돈을 좀……

* 적자: 벌어들인 돈보다 나가는 돈이 많음

이번 달도 모두 수고하셨습니다.

회사가 적자일 텐데 어떻게······.

대표님, 괜찮으세요?

여러분 월급을 못 주는 일은 절대 없을 겁니다. 걱정 마시고 이럴 때일수록 제품 개발에 최선을 다해 주세요.

많이 힘드실 텐데.

그런데도 항상 직원들 먼저 챙기셔.

자, 그런 의미에서 우리 백신 업그레이드 회의나 할까요?

네, 좋습니다.

띵동♪

잠깐만요. 중요한 메일일지 모르니 확인 좀 할게요.

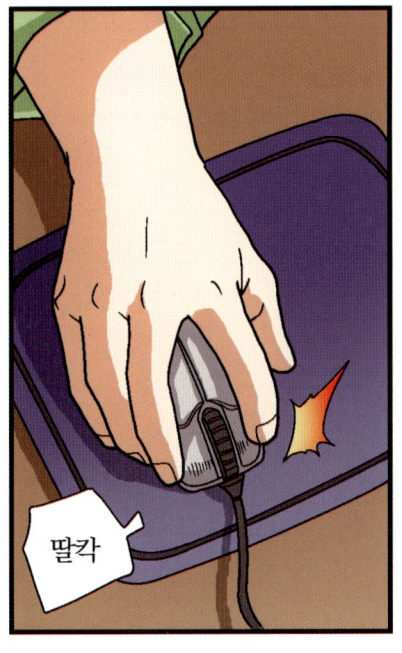

딸칵

어, 이건!

보낸 이 : **마이크로소프트 윈도우 판매 담당**
받는 이 : **안철수연구소**

"안철수연구소의 백신 프로그램이 오는 11월에 발표될 한글 윈도우 95의 공식 파트너로 선정되었음을 알려 드립니다."

됐어요, 됐어!

이게 꿈이냐, 생시냐!

아픈 걸 보니 꿈은 아니야!

마이크로소프트가 우리를 인정해 주다니…… 모두 고생하셨습니다.

저희보다 대표님이 애쓰셨지요.

이제 대표님도 월급 걱정은 좀 덜 해도 되겠죠?

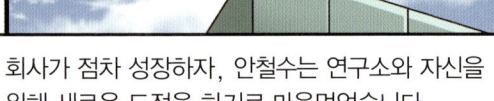
회사가 점차 성장하자, 안철수는 연구소와 자신을
위해 새로운 도전을 하기로 마음먹었습니다.

유학을 가신다고요?

대표님이 유학을 가시면
회사는 어떻게 하고요.

연구소를 주식회사로
만들 때부터 고민했어요.

경영에 대해
더 깊이 공부해서
제대로 된 CEO가
되어야겠다고 말이에요.

의대 공부에
컴퓨터 공부에,
경영학까지요?

그러게요.
공부가 지겹지도
않으세요?

제대로 된
경영자가
되지
않고서는
제대로 된
기업을
만들 수 없다고
생각합니다.

제대로 된 기업이요?

저는 우리 연구소가 이윤만을 추구하는 기업이 되기를 원하지 않습니다.

사회의 발전에 공헌하면서 사회를 위해 일하는 기업! 이게 제가 꿈꾸는 연구소의 미래랍니다. 그 꿈을 이룰 수 있는 경영 철학을 공부해 오겠습니다.

1995년 9월, 안철수는 경영학 공부를 위해 미국 유학길에 올랐습니다.

대표님, 회사는 걱정 마세요!

저희가 대표님 몫까지 열심히 하겠습니다!

IT 강국을 만들어 낸 벤처 기업

1990년대 후반에는 벤처 기업 열풍이 전 세계적으로 불었습니다. 벤처 기업이란 기발한 아이디어나 기술을 무기로 새로운 사업 분야에 뛰어드는 기업을 말해요. 우리나라에서도 초기 정보통신 분야의 벤처 기업들이 눈에 띄는 성과를 냈는데, 국내 최고의 보안 기업으로 성장한 '안철수연구소' 역시 이에 속한답니다. 이들 기업은 글로벌 IT 기업의 공세 속에서도 독특한 기술과 아이디어를 만들어 내며 성공할 수 있었습니다. 덕분에 우리나라는 세계 최고 수준의 초고속 인터넷 가입률, 세계적인 온라인 게임 수출국이라는 명성을 가진 IT 강국이 되었습니다.

세계 최고의 IT 회사인 애플은 첨단 기술과 아이디어를 토대로 성공한 벤처 기업 중 하나입니다.

하나   정보 통신 기술의 혁명

1990년대 말에 탄생한 벤처 기업들은 'IT 혁명'이라는 무기를 가지고 있었습니다. IT 혁명은 인터넷, 컴퓨터, 휴대폰과 같은 정보 통신 기술 분야에서 일어난 엄청난 발전을 말합니다. IT 벤처 기업들은 정보 통신 기술을 바탕으로 우리의 생활과 사회를 완전히 새롭게 만들어 나가기 시작했습니다. 공중전화를 쓰던 사람들은 어느새 각자의 휴대폰을 가지고 다니기 시작했고, 혼자서만 쓰는 물건이었던 컴퓨터는 전 세계 누구와도 만날 수 있는 사이버 공간을 여는 도구로 변했습니다. 사람들은 온라인상에서 가게를 열고, 물건을 사고, 토론을 벌이게 됐습니다.

이런 일들은 모두 IT 벤처 기업에 의해 가능해진 것입니다. 트위터, 페이스북, 아마존과 같은 기업들이 시대의 변화에 발맞추어 새로이 등장하며 폭풍적으로 성장해 나갔습니다.

이제 공중전화 대신 개인 휴대 전화를 이용하는 사람이 더 많습니다. ©Shidong

마이크로소프트를 물리친 '한글과 컴퓨터'

우리나라 벤처 기업의 1세대 주자로는 단연 이찬진을 꼽을 수 있습니다. 이찬진은 대학 시절 같이 컴퓨터 동아리 활동을 했던 친구들과 함께 워드 프로세서(문서 작성 프로그램)인 '아래아 한글'을 개발했습니다. '아래아 한글'은 다양하고 편리한 편집 기능, 예쁜 글꼴, 여러 종류의 프린터를 연결할 수 있는 기능, 그리고 무엇보다 우리 고유의 글인 한글의 특성을 잘 살린 문자 입력 기능을 갖춰 폭발적인 인기를 끌기 시작했습니다. 당시 세계적으로 미국의 마이크로소프트가 만든 'MS 워드' 프로그램이 워드 프로세서 시장을 독점하다시피 했지만, 우리나라에서만큼은 '아래아 한글' 때문에 기를 펴지 못했지요. 그러나 1998년, IMF 경제 위기를 맞으며 '아래아 한글'의 제작사인 한글과 컴퓨터도 경영이 어려워지면서 마이크로소프트로부터 자금을 빌리는 조건으로 '아래아 한글'의 개발을 포기해야 하는 상황까지 몰렸습니다. 하지만 우리나라에서 '아래아 한글 지키기 운동'과 '정품 소프트웨어 사용하기' 운동이 일어났고, 국민의 성원에 힘입어 지금도 한글과 컴퓨터는 '아래아 한글'의 새로운 버전을 만들며 그 명맥을 유지하고 있습니다.

한글과 컴퓨터의 이찬진 대표(오른쪽)

who? 지식사전

세계 최대 첨단 기술 연구 단지, 실리콘 밸리

실리콘 밸리는 미국 샌프란시스코에 위치한 지역으로 이곳에는 수천 개가 넘는 첨단 기업들이 자리 잡고 있습니다. 실리콘 밸리라는 이름은 반도체의 재료가 되는 실리콘과 지형적 특징인 밸리(계곡)라는 단어를 조합해서 만들어진 것입니다. 1970년대부터 이곳에 세계적인 전자 회사들이 모여들기 시작했고, 1990년대에는 컴퓨터, 인터넷, 정보 통신 관련 기업들이 잇따라 들어섰습니다. 이후 실리콘 밸리는 세계 최고의 첨단 기술과 두뇌들이 모여서 창의적인 아이디어가 생산되는 곳으로 IT에 관심 있는 사람이라면 누구나 꿈꾸는 기업의 공간으로 성장했답니다.

실리콘 밸리의 전경 © Thraxas

셋 **인터넷으로 가는 출입구**

1990년대 후반, 초고속 인터넷이 보급되면서 거의 모든 사람들이 인터넷을 쉽게 이용할 수 있게 됐습니다. 하지만 인터넷 세상을 잘 이용하기 위해서는 어디에 어떤 정보가 있는지를 알려 주는 나침반과 지도가 필요했습니다. 이런 역할을 해 주는 것이 바로 포털 서비스입니다. 우리나라 포털 서비스의 양대 산맥이라고 할 수 있는 '다음'과 '네이버'도 이즈음에 만들어졌습니다.

'Daum(다음)'의 이재웅

1995년 봄, 이재웅은 사진작가였던 친구 박건희와 함께 다음 커뮤니케이션을 만들어 사이버 갤러리 서비스를 시작했습니다. 이후 무료로 웹 메일을 쓸 수 있게 해 주는 '한메일' 서비스를 통해 무려 3,800만 명의 회원을 모을 정도로 인기를 끌었습니다. 한메일을 바탕으로 카페 서비스 등도 추가 실시하면서 대한민국 대표 포털 서비스로 성장할 수 있었습니다.

다음 커뮤니케이션의 창업자 이재웅

'Naver(네이버)'의 이해진

이해진은 1997년 한 대기업에서 검색 엔진을 개발하기 시작했습니다. 1999년에는 그 회사에서 독립하여 '네이버'라는 이름의 검색 서비스를 만들어 선보이게 됩니다. 네이버는 '항해하다'라는 뜻의 'Navigate'와 사람을 뜻하는 '-er'을 합성해서 만든 이름입니다. 이해진은 이후 네이버에 '지식iN'이라는 이름의 지식 공유 서비스를 만들게 되는데 이 서비스가 많은 사람들에게 인기를 얻으면서 크게 성장할 수 있었습니다.
지금 네이버는 우리나라에서 가장 많은 사람들이 쓰는 포털 서비스가 되었습니다.

네이버의 창업자 이해진

게임 산업의 한류를 이끈 기업

20세기가 끝나 갈 즈음, CD-ROM을 사서 집에 앉아 혼자서 게임을 하던 시대도 함께 저물어 가고 있었습니다. 인터넷 통신 문화가 발전하면서 게임도 함께 즐기는 것이라는 생각들이 싹트기 시작한 것입니다. 이런 상황을 남들보다 먼저 보고 준비한 두 사람이 바로 김택진과 김정주입니다. 이찬진과 함께 '아래아 한글'을 개발하기도 했던 김택진은 엔씨소프트를 설립해 1998년부터 '리니지'라는 이름의 온라인 게임을 서비스하기 시작했습니다. MMORPG(다중 사용자 롤플레잉 게임)라는 새로운 게임 장르를 개척한 '리니지'는 '리니지 폐인'이라는 말을 만들 정도로 많은 이용자들에게 사랑을 받았습니다. 이보다 앞선 1996년 김정주는 우리나라와 동아시아를 배경으로 하는 MMORPG를 만들어 서비스하기 시작했습니다. 김정주는 넥슨이라는 회사를 세운 뒤, '메이플스토리', '던전앤파이터', '크레이지아케이드'와 같은 국민 온라인 게임을 만들어 내며 최고의 게임 회사로 성장시켰습니다.
엔씨소프트와 넥슨은 현재 대한민국 대표 게임 업체로 국내에서만이 아니라 해외 시장에까지 활발하게 진출하고 있습니다.

엔씨소프트의 김택진 대표

who? 지식사전

SNS 열풍

IT 혁명으로 시작된 21세기 초반의 벤처 기업 열풍은 이제 새로운 단계로 접어들고 있습니다. 스마트폰, 태블릿 PC 등과 같은 모바일 기기들이 속속 등장하면서 IT 혁명은 이제 스마트 혁명으로 이동해 가고 있습니다. 그중에서도 누리소통망 서비스라고 불리는 'SNS'가 대세를 이루고 있습니다. SNS로 사람들과 소통하고, 일상을 공유하며, 쇼핑은 물론, 기업의 광고 홍보까지! 대표적인 SNS인 페이스북의 가입자는 2016년 기준으로 선 세계 15억 명에 달합니다.

페이스북과 트위터는 대표적인 SNS 입니다.

정직한 선택으로 이룬 성공

6

낮에는 학교에서 강의를 듣고,

역시 예습을 꼼꼼히 했더니 영어가 좀 들리네.

밤에는 메일과 팩스로 회사 일을 하면서,

부탁하신 일은 제가 지금 팩스로 보내고 있습니다.

잠은 이틀에 한 번씩만 자는 걸로 해야겠다! 그래야 공부할 시간을 만들 수 있어.

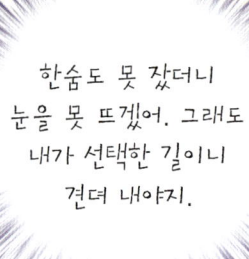

한숨도 못 잤더니 눈을 못 뜨겠어. 그래도 내가 선택한 길이니 견뎌 내야지.

한편, 실리콘 밸리 M사.

현재 M사는 일본을 비롯한 아시아 지역에 진출해 있습니다.

한국을 제외한 동북아시아 지역에서는 시장을 거의 장악했습니다.

한국? 거기는 왜 우리 제품을 쓰지 않는 거지?

네, 안철수입니다.
실례지만 어디시죠?

저희는 백신 회사
'M' 이라고 합니다.

M사라면 세계 최대의
백신 업체?
거기서 무슨
일로
전화를?

다름이 아니라 저희
회장님이 안철수 대표를
좀 만났으면 합니다만.

저를요?

네.
저희 M사와
안철수
연구소의
협력과 투자에
관해 말씀을
좀 나누고
싶어 하십니다.

협력과 투자에 관한 얘기라고요?

좋습니다. 이틀 뒤 그쪽으로 찾아가겠습니다.

M사와의 협력이라, 어쩌면 우리 연구소에 새로운 기회가 될지도 몰라.

회장실

약속 잡았습니다, 회장님.

어떤 사람인지 궁금하군.

안철수는 기대를 안고 M사의 회장을 만났습니다.

이쪽으로 오십시오.
회장님이 기다리십니다.

회장님. 안철수 대표가
오셨습니다.

어서 들어오시죠.

반갑습니다.

안철수라고 합니다.

차 한잔 하시지요.

네. 그것보다도 저를 보자고 하신 이유부터 듣고 싶습니다.

하하하! 안 대표님. 성격이 아주 급하십니다.

제가 원래 본론부터 얘기하는 습관이 있어서요.

좋습니다. 그럼 본론으로 바로 들어가죠.

안철수연구소를 내가 사겠소.

네에? 저희 연구소를 사겠다고요?

100억 원이면 되겠소?

100억 원
이라고요?
그게
정말입니까?
어떻소? 그 정도면
고생한 것에 대한 충분한
보상은 될 것
같은데요.
후후, 거절하기
힘든 제안이겠지!
100억 원이라면 정말
큰돈이야. 늘 돈이 없어서
쩔쩔맸었는데! 그 돈이면
그 어떤 일도
시작이 가능해.

어떻습니까?

고민을 좀······.

의외로군요. 바로 대답을 들을 수 있을 거라 생각했는데요.

저희에게 회사를 매각했던 다른 회사의 대표입니다. 당신이 결정을 내리는 데 도움이 될 것 같군요.

당시 회사에 적자가 심해서 무척 힘들었습니다. 그때 M사에게 많은 돈을 받고 회사를 판 뒤에는 아주 편하게 지내고 있지요.

그럼 그 회사는 지금 어떻게 됐나요? 회사에서 함께 일하던 사람들은요?

아, 회사는 없어져 버렸지요. 물론 직원들도 뿔뿔이 흩어지긴 했지만……

그랬군요. 그게 목적이었군요.

이 사람들은 안철수연구소를 사서 회사와 V3 백신을 없앨 생각이었어. 그러고는 한국에 비싼 백신을 팔려고 한 거야.

제안에 대한 답을 드리죠.

제 대답은 'No'입니다.

아니, 돈이 부족합니까?

1999년, 안철수는 유학을 마치고 한국에 돌아와 다시 빠듯한 연구소 살림을 꾸려가고 있었습니다.

이번 달도 겨우 넘겼네. 회사 경영이란 게 마음 편한 날이 없는 것 같아.

대표님. 그래도 2년 전보다는 훨씬 나아진 거죠.

이 정도로 연구소를 키워 오셨잖아요. 남들은 경제 위기라고 다 문을 닫는 판에.

그런가요?

대표님, 이것 좀 보세요. 신종 바이러스 같아요.

덜컥

여기 좀 보세요. CIH라는 문구 보이시죠?

* 하드 디스크: 컴퓨터의 기억 장치

하지만 안철수연구소의 노력에도 불구하고 사람들은 CIH 바이러스에 대한 경고를 무시해 버렸습니다.

하드 디스크의 자료를 모두 지워 버린다고?

이거 백신 업체에서 제품 홍보하려고 과장하는 것 같은데?

맞아! 어쩐지 너무 호들갑 떠는 것 같더라니.

저번에 멜리사 바이러스인가 뭔가도 아무 피해 없이 지나갔잖아. 이번에도 그럴 거야.

하여간 백신 업체들이란. 이렇게 해서라도 장사를 해야 하나?

4月
26

삐이~익

시스템 에러
하드 디스크를 찾을 수 없습니다

안철수연구소의 전 직원들은 피해 복구를 위해 며칠 밤을 꼬박 새웠습니다.

지금 작동이 안 되는 상태면 하드 디스크만 저희 회사로 가져오세요.

일단 백신을 다운로드 받으세요.

여보세요?

큰일입니다! 정부 기관도 피해가 커서 저희에게 피해 복구를 요청해 왔습니다.

병원과 경찰서도 피해가 크답니다.

......

여러분! 오늘부터 피해 복구가 끝날 때까지 모두 24시간 근무에 들어갑니다. 병원이나 공공 기관부터 피해 복구를 시작해 주세요.

네! 알겠습니다!

꼭 고쳐 주셔야 해요. 환자들 기록이 없어지면 안 돼요.

네. 최선을 다하겠습니다.

최대한 복구해 주세요. 범죄 수사에 꼭 필요한 자료입니다.

벌써 며칠째 밤을 새우는 건지.

안철수 연구소가 없었으면 정말 큰일 날 뻔했어요.

백신이란 게 얼마나 중요한지 알게 됐어요.

앞으로 모든 공공 기관에는 백신 설치를 의무화하도록 하겠습니다.

OX 일보

국내 보안 산업 급성장!!

400% 증가

피해는 컸지만 이번 일로 우리 사회가 얻은 교훈은 훨씬 값진 것이었어.

이 사건을 겪으면서 안철수연구소는 국내 최고의 컴퓨터 보안 회사로 성장했습니다.

나눔을 실천하는 기업가

교과서적인 기업의 목적은 '최대 이윤 창출'입니다. 하지만 안철수는 백신 연구소를 만들며 남들과는 다른 경영 철학을 실현하고자 했습니다. 큰 이윤을 얻지 못할 지라도, 많은 사람에게 이로움을 주는 공익을 추구하고자 한 것입니다. 이러한 소신이 있었기에 기업을 운영하면서는 투명 경영, 윤리 경영으로 많은 이들의 주목을 받았고, 개인에게 백신을 무료로 배포할 수 있었습니다. 또 경영에서 물러난 뒤인 2012년도에는 1,500억 원이라는 큰돈을 기부하여 안철수재단(지금의 동그라미재단)을 만든 뒤 경제적 조건이 어려운 사람들이 새롭게 도전할 기회를 얻을 수 있도록 돕고 있답니다. 그럼 안철수의 경영 철학과 같은 마음으로 사회적인 책임감을 가지고 기업을 일군 사람들에 대해 알아보도록 할까요?

조선 시대 활동한 거상 김만덕의 초상화

하나 　존경받는 기업가의 원조, 김만덕

김만덕은 조선 시대에 살았던 제주도의 상인이자 여장부였습니다. 평민 출신이던 김만덕은 어린 시절 전염병으로 부모님을 모두 잃고 생활을 이어나가기 위해 기생이 되었습니다. 그러나 계속해서 기생으로 살고 싶지 않았던 김만덕은 제주의 높은 관직을 찾아 끈질기게 간청해 기생 신분에서 벗어난 뒤 장사에 뛰어들 수 있었습니다. 그는 누구나 하는 장사가 아니라 지역의 특산품이 교류될 수 있는 유통을 시도했습니다. 즉 제주도의 전복이나 한라산 사슴뿔, 각종 약초를 전라도에 팔고, 전라도의 쌀과 무명을 제주도에 팔았지요. 물건이 많으면 가격을 내리고, 물건이 귀하면 가격이 올리는 등 놀라운 장사 수완으로 큰 이익을

제주도 모충사에 있는 김만덕 기념관

남기며 김만덕은 제주도에서 누구나 알아주는 큰 상인이
되었습니다. 거상 김만덕은 '진정한 부자는 자신을 위해 돈을
쓰는 게 아니라, 남을 위해 돈을 쓰는 사람이다'는 생각을
했습니다. 1793년, 태풍으로 제주도에 큰 피해가 닥쳐
백성들이 굶주릴 때, 그는 자신이 모아둔 전 재산을 내놓으며
수천 명의 목숨을 구했습니다. 이러한 여성의 배포에 당시
임금이던 정조도 놀라, 궁궐로 불러 여성으로 오를 수 있는
최고의 벼슬을 내렸답니다.

둘 ▶ 모든 것을 세상에 돌려준 기업가, 유일한

유한양행을 설립한 유일한은 다양한 형태의
사회 환원을 실천한 기업가입니다.

유일한 박사는 유한양행이라는 제약 회사를 만들어 국민의
건강을 지키려고 노력한 사람입니다. 그는 유언장을 통해
자신이 소유했던 기업의 모든 주식을 사회에 환원한다고
밝혀 진정한 기업가 정신을 실천했다는 평을 받았고,
우리나라에서 가장 존경받는 기업인으로 뽑히기도 했습니다.
일제 강점기였던 1925년, 유일한은 '건강한 국민만이
교육을 받을 수 있고, 나라도 되찾을 수 있다'는 생각으로
유한양행이라는 제약 회사를 만듭니다.
그는 처음부터 기업은 개인의 것이 아니고,
사회와 종업원의 것이라는 생각을 가지고
있었습니다. 때문에 주식의 10퍼센트를
사원들에게 나누어 주면서 우리나라에서는
처음으로 사원들이 직접 회사 경영에 참여할 수
있는 사원 주주제를 도입했습니다. 또한 유일한은
한국 직업 학원, 한국 고등 기술 학교, 유한 학원,
유한 중학교, 유한 대학교와 같은 많은 학교를
세워 가난한 학생들이 공부할 수 있는 환경을
만들어 주기 위해 최선을 다했습니다.

서울 노량진에 있는 유한양행 본사

셋 **세계 최고의 부자, 빌 게이츠**

빌 게이츠는 오늘날 대부분의 컴퓨터에 깔려 있는 컴퓨터 운영 체제 '윈도우'를 만든 사람입니다. 그는 하버드 대학교를 다니던 1975년, 별안간 학교를 그만두고 마이크로소프트라는 소프트웨어 개발 회사를 만들었습니다. 그리고 8년 뒤인 1983년 '윈도우'를 발표했습니다. 마우스로 클릭만 해도 컴퓨터를 쓸 수 있도록 한 '윈도우'는 전 세계 거의 모든 컴퓨터에 설치되었고, 덕분에 마이크로소프트와 빌 게이츠는 큰돈을 벌게 됐습니다. 해마다 언론사를 통해서 발표되는 세계 최고의 부자 명단에서 빌 게이츠는 늘 1, 2등을 다투는 인물로 소개됩니다. 그의 재산은 이제 90조 원을 넘을 정도로 많아졌습니다. 세계 최고의 부자가 된 그는 기부에 힘써 많은 이들을 돕고 있기도 합니다.

마이크로소프트를 설립한 빌 게이츠

빌 앤 멜린다 게이츠 재단

2000년, 빌 게이츠는 아내 멜린다 게이츠와 함께 1,000억 원이라는 큰돈을 기부하면서 '빌 앤 멜린다 게이츠 재단'을 설립했습니다. 이 재단에서는 개발 도상국이나 후진국의 결핵 퇴치와 소아마비 퇴치, 각종 질병에 대한 백신 개발 활동과 같은 보건 활동을 벌이고 있습니다.
또한 빈곤 퇴치, 공공 도서관에 초고속 통신망 놓기 등 인류에게 평등한 교육 기회를 제공하고, 좀 더 살기 좋은 세상으로 만들기 위해 노력하고 있습니다. 빌 게이츠는 자신이 만든 재단에 계속 기부하여 지금까지 약 40조 원이나 되는 기금을 조성했습니다. 2006년에는 이 재단에 세계적인 투자 전문가 워렌 버핏이 36조 원이나 되는 재산을 기부하면서 세계 최대의 자선 재단이 되었습니다. 빌 게이츠는 자신이 살아 있는 동안 자기 재산의 99퍼센트를 기부하겠다고 밝히기도 했습니다. 이와 같은 기부 활동을 통해 빌 게이츠는 '기부왕'이라는 별명을 얻게 됐습니다.

빌 게이츠는 빌 앤 멜린다 게이츠 재단을 통해 자선 활동을 펼치고 있습니다.

넷 ## 친환경 기업인, 아니타 로딕

1976년 아니타 로딕은 영국의 한 시골 마을에서
직접 만든 화장품을 가지고 '더바디샵(The Body
Shop)'이라는 조그만 가게를 열었습니다.
아니타 로딕의 가게에서는 화장품을 담은 용기를
재활용할 수 있었고, 사람들은 필요한 양만큼의
화장품을 담아 갈 수 있었습니다. 또한 더바디샵의
모든 화장품은 천연 재료만을 사용하였기 때문에
친환경 기업으로 이름이 알려지기 시작했습니다.
2000년대에 들어와서는 전 세계에 2,000개 가까운
매장을 가진 세계적인 화장품 기업으로 성장했습니다.
더바디샵을 세계적인 기업으로 만든 뒤에도 아니타 로딕의
환경 사랑은 멈추지 않았습니다. 그녀는 국제 환경
단체인 그린피스와 함께 고래 포획 반대 운동을 펼쳤고,
화장품을 만들기 위해 동물을 실험대 위에 올리는
일에도 적극적으로 반대를 하고 나섰습니다. 그리고
가난한 나라와 거래를 할 때도 제값을 주고 원료를 사
오는 공정 무역의 체결에도 앞장섰지요. 아니타 로딕은
자신의 재산 전부를 사회에 기부한 뒤, 2007년 세상을
떠났습니다.

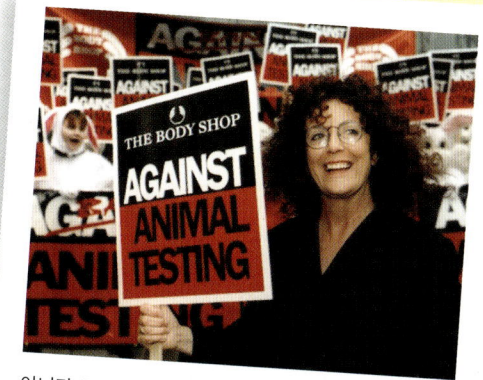

아니타 로딕은 사업가이자 환경 운동에 앞장선
사회 운동가입니다.

아니타 로딕이 설립한 더바디샵의 매장 모습

who? 지식사전

노블레스 오블리주

'노블레스 오블리주'라는 말은 사회적으로나 경제적으로 높은 지위에 있는 사람들이 사회 구성원 모두를 위해 갖추어야
할 도덕적인 의무를 말합니다. 이것은 자신을 성공할 수 있게 해 준 사회를 위해 책임 있는 행동을 해야 하고, 또한 나눔과
봉사 정신을 가져야 한다는 생각에서 비롯되었습니다. 성공한 기업가들이 자신의 재산을 사회에 기부하는 일도 노블레스
오블리주 정신을 실천하는 모습으로 볼 수 있습니다.

⭐ 7 새로운 시작

> 너 Y2K *버그 얘기 들었어?

> 아니, 그게 뭔데?

20세기의 마지막이 저물어 가고 있던 1999년 겨울.

> 지구상의 모든 컴퓨터는 1999년까지밖에 인식을 못한대. 그래서 2000년 1월 1일이 되는 순간,

> 세상의 모든 컴퓨터가 작동을 멈추게 된다는 거야. 어쩌면 핵폭탄이 잘못 발사돼서 지구가 멸망할 수도 있대!

> 정말?

* 버그: 컴퓨터 프로그램이나 시스템의 착오

사람들 사이에서는 Y2K라는 이름의 컴퓨터 시스템 오류에 대한 걱정이 커져 가고 있었습니다.

일부 언론에서는 과장된 기사를 내기도 해요. 이번 기회에 백신을 팔아 돈을 벌려는 회사들이 앞장서서 그런 말을 하나 봅니다.

음……

백신 업체들은 제품을 광고할 기회로 생각하며 사람들의 불안을 부추겼습니다.

이건 옳지 않습니다. 국민들에게 정직하고 정확한 정보를 주는 것이 우리의 역할이죠.

언론을 통해서 정확한 정보를 알리고 국민이 불안해 하지 않도록 합시다.

네?

하지만 괜히 앞에 나섰다가 혹시라도 무슨 일이 생기면, 우리가 모든 비난을 받을 수도 있습니다. 괜찮을까요?

너무 걱정 마세요. 언젠가는 정직함이 모두에게 인정받을 수 있을 겁니다.

Y2K 버그에 대한 안철수의 생각은 신문과 방송을 통해 국민들에게 전해졌습니다.

Y2K 버그, 어떻게 해야 할까요?

너무 불안해 하실 필요는 없습니다. 백신 회사에서 배포하는 프로그램만으로도 충분히 피해를 막을 수 있습니다.

정말? 이것 참. 누구 말을 믿어야 하는 거지?

누구는 세상이 끝나기라도 할 것처럼 얘기하는데, 안철수 박사는 백신만 있으면 된다고 하니.

2000년 1월 1일.

정말 별일 없을까?

멀쩡하잖아.

Microsoft
Win

Y2K에 대한 소신있는 발언을 사실로 확인한 국민들은 안철수연구소가 정직한 회사라는 믿음을 가지게 됐습니다.

안철수연구소는 이제 매출 400억 원이 넘는 기업으로 성장했습니다. 그즈음 안철수는 새로운 계획을 준비하고 있었습니다.

대표님,
부르셨습니까?

네,
어서 오세요.

저와 회사에 대한
새로운 계획이
생겼습니다.

네? 새로운
계획이요?

직원들을
소집해 주세요.

오늘 중대 발표가 있대.

무슨 내용일까?

엇, 저기 대표님 오셨다.

대회의실

첫째는 우리나라에서 소프트웨어 사업이 자리를 잡는 것이었고, 둘째는 정직하게 사업을 하더라도 성공할 수 있다는 것을 보여 주는 것이었습니다. 마지막 셋째는 공익과 이윤 추구를 동시에 이루는 회사를 만들고 싶었습니다.

여러분, 저는 지난 10년간 이 회사를 통해 세 가지를 이루고 싶었습니다.

저는 또다시
저 자신과 사회에
의미 있는
일을 찾아
도전해 보려고
합니다.

대표님,
그래도 돌아오시는 거죠?

대표님, 항상 응원합니다.
그동안 열심히 일해서 회사를 더
성장시키겠습니다.

2년 동안 미국 와튼 스쿨에서 경영학을 공부하고 돌아온 안철수는 카이스트 기술 경영 전문 대학원의 *석좌 교수가 되었습니다.

기업가 정신이란 이전에는 없던 새로운 가치를 만들어 내는 일이나 생각을 말하죠. 이런 새로운 생각은 도전 정신에서 나옵니다.

자, 여러분. 지금 나에게 가장 중요한 것이 무엇인지 각자 말해 볼까요?

취업이요!

기업가 정신

성적하고 스펙이요.

토익 성적이 제일 걱정이에요.

* 석좌 교수: 기업이나 개인이 기부한 기금으로 연구 활동을 하도록 대학에서 지정한 교수

요즘 무슨 고민 있으세요?

으음.
청년들에게 힘이 될 수 있는 일을 하고 싶은데 어떻게 하는 게 좋을지 고민하고 있습니다.

저도 참 안타깝습니다.
청년들뿐 아니라 사회 전체적으로 문제인 것 같아요.
경제가 어렵다 보니 사람들의 삶도 각박해 지고 있어요.

그렇다고 바라만 보고 있을 순 없죠.
과연 내가 할 수 있는 것이 무엇일까 생각하고 있습니다.

교수님께서 그런 생각을 가지고 계셔서 반갑습니다.
제가 할 수 있는 일이 있다면 기꺼이 돕겠습니다.

청년들이 우리 사회의 희망이고 미래예요.
청년들의 가능성을 깨울 수 있는 길을 한번 찾아봅시다!

그렇게 안철수의 '청춘 콘서트'가 시작되었습니다.

여러분, 요즘 힘들죠?

꿈을 꾸기에, 그리고 살아가기에 힘든 시기입니다.

습관도 만들 수 있습니다. 꼭 해야 하는데 힘들어서 하지 않은 일 많으시죠?

꼭 참고 1년만 해 보세요. 어느새 습관으로 자리 잡게 될 것입니다.

여러분, 힘들 때 위만 보지 말고 가끔 뒤나 아래도 보세요.

안철수는 진심을 담아 이야기했고, 시큰둥했던 학생들도 점차 청춘 콘서트에 열광하게 되었습니다.

여러분! 불만족스러운 상황에서도 어떤 마음가짐을 가지고 있는지가 중요합니다.

그동안 좋은 직장에 취직하는 게 최선이라고 생각했지만, 제 꿈이 무엇인지 다시 한 번 생각해 보게 되었습니다!

남들과 다르게 살다가 뒤처지면 어떡할까 두려움이 컸어요. 남들과 다르지만 정직하게 성공한 교수님이 제 인생의 멘토입니다!

그 속에서 자기가 행복할 수 있고 성공할 수 있는 길을 찾아나가시기 바랍니다.

힘겨운 현실 속에서 희망에 목말랐던 많은 청년들이 청춘 콘서트를 통해 열정을 다시 깨우기 시작했습니다.

청춘 콘서트는 많은 변화를 가져왔습니다. 청년들뿐만 아니라 안철수 역시 청춘 콘서트를 통해 새로운 깨달음을 얻었습니다. 희망을 말하는 사람이 있다면 사람들은 스스로의 가능성과 긍정의 에너지를 깨닫게 된다는 것이었습니다.

또한 많은 사람들이 안철수를 새로운 정치 지도자로 바라보게 되었습니다.

르네의 상실

이번에 서울 시장 선거 말이야. 난 안철수 교수가 나왔으면 좋겠어.

나도야. 안철수 교수라면 뭔가 다를 수도 있겠다는 생각이 들어.

2011년, 안철수에게서 희망을 발견한 사람들은 새로운 서울 시장 후보로 안철수를 지지하기 시작했습니다. 언론에서는 이런 모습을 '안철수 신드롬'이라고 불렀습니다.

서울 시장 후보에 출마하시는 겁니까?

언제 발표하실 거죠?

저는 아직 그런 생각을 가지고 있지 않습니다.

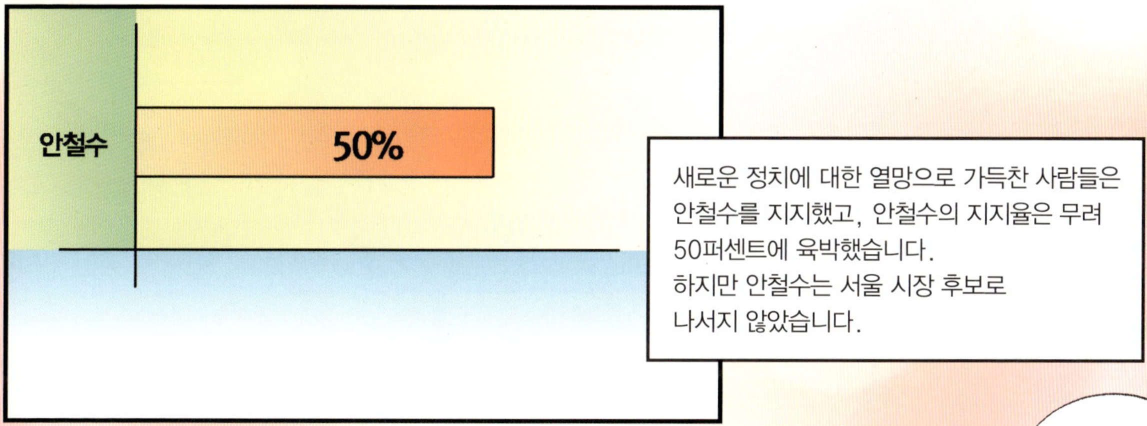

안철수   **50%**

새로운 정치에 대한 열망으로 가득찬 사람들은 안철수를 지지했고, 안철수의 지지율은 무려 50퍼센트에 육박했습니다.
하지만 안철수는 서울 시장 후보로 나서지 않았습니다.

저는 서울 시장으로서 능력과 자질을 갖춘 박원순 변호사님을 지금부터 서울 시장 후보로 지지하려고 합니다.

감사합니다. 열심히 해 보겠습니다!

사람들은 안철수가 보여 준 선택에 의아해하고 놀라워했고, 안철수의 지지에 힘입어 박원순은 그해 서울 시장 선거에서 당선되었습니다.

여보, 안 자요?

글쎄, 잠이 안 오네요.

당신, 혹시 정치를 할 생각이에요?

……

정치는 어렵고 힘든 일 같아요. 지금까지 경영자로, 교수로 잘해 왔잖아요. 앞으로도 쭉 그렇게 했으면 좋겠어요.

어렵고 힘든 일……. 그래서 아무도 나서지 않는 일.

내가 작은 변화라도 만들어 낼 수 있다면…….

그건 내가 가야할 길인지도 몰라.

2012년, 대한민국은 18대 대통령 선거의 열기로 가득 차 있었습니다.
안철수에 대한 국민의 기대감만으로 그는 벌써 유력한 대통령 후보가 되었습니다.

한편 제1 야당에서는 문재인 후보가
대통령 후보로 나선 상태였습니다.

그러나 정권 교체를 바라는 국민들은 문재인 후보와 안철수 후보가
각각 후보로 나설 경우 표가 분산될 것을 우려했습니다.

* 단일화: 하나로 되거나 하나로 만듦

정직함과 상식으로 다양한 분야의 성공을 거둔 안철수. 그는 또 다른 도전을 위해 교수로 일하던 중 청년들의 아픔과 고민을 보고 사회의 구조적인 한계를 발견하였습니다. 그리고 이 문제를 해결하고자 현재 '정치'에 도전하고 있습니다. 우리 사회의 무너진 기회를 다시 세우고 공정한 사회를 만들기 위해서는 정치로 세상을 바꾸어야 한다고 생각했기 때문입니다.

그는 무엇보다 기득권을 쥐고 내려놓지 못해 변화를 가로막는 기존의 정치 세력을 바꾸어야 한다고 말합니다. 이것이 그가 말하는 '새정치'의 의미이며, 스스로 대통령 후보 자리를 내놓으며 이를 몸소 보여주기도 했습니다.

개인적인 성공보다 세상이 필요로 하는 일을 하고
어느 자리에서든 자신의 사회적 책임을 고민했던
안철수의 모습은 많은 사람들에게 감동을 주었습니다.
국민은 그에게 확인했던 '정의로운 방식으로의 성공'의 모습을
정치에서 볼 수 있기를 기대하고 있습니다.
지금까지 그의 모든 도전이 그렇듯 정치에의 도전 역시
험난하겠지만, 정의와 원칙을 가지고 도전을 성취해왔던
안철수이기에 그 여정이 가진 의미는 클 것입니다.

저는 이 사회에
이름을 남기는 사람이기보다
흔적을 남기는 사람이
되고 싶습니다.

who?와 함께라면 미래가 보인다

어린이
진로 탐색

어린이 친구들 안녕?
안철수 이야기 재미있게 읽었나요?

그렇다면 이제부터
안철수가 꿈을 키워 가는 과정을 함께 되짚어 보며
그가 활동한 분야와 그 분야에 속한 다양한 직업에 대해
살펴봐요!

또한 여러분에게는 어떤 장점과 적성, 가능성이
숨어 있는지 찾아보면서
그것을 어떻게 진로와 연결시킬 수 있는지에 대해서도
알아봅시다.

그럼 지금부터
여러분이 멋진 꿈을 향해 나아갈 수 있도록 도와줄
진로 탐색을 시작해 볼까요?

자기 이해부터
진로 체험까지,
다양한 진로 탐색
활동을 시작해 봐요!

진로탐색 STEP 1

보람을 느끼고 뿌듯했던 경험을 들려주세요

안철수는 새벽 3시에 일어나 컴퓨터 백신을 연구하고, 낮에는 의학 공부를 하는 빡빡한 일정에도 절대 지치지 않았어요. 컴퓨터 바이러스로 인한 피해를 막거나, 환자를 치료하는 일 모두에 큰 보람을 느꼈기 때문이지요.
이처럼 보람이나 뿌듯함은 어떤 일에 매진할 수 있게 하는 데 큰 힘이 되곤 한답니다.
나는 어떤 일을 하면서 보람을 느꼈는지 아래 질문에 답하며 생각해 보세요.

＊ 가정에서 있었던 일 중 가장 뿌듯했던 경험은 무엇이었나요?

＊ 학교에서 있었던 일 중 가장 뿌듯했던 경험은 무엇이었나요?

＊ 친구들과의 관계에서 가장 뿌듯했던 경험은 무엇이었나요?

＊ 이 외에도 내가 보람을 느꼈던 경험이 있다면 적어 보아요.

국회 의원과 관련된 직업에는 무엇이 있을까요?

안철수는 더 나은 국민의 삶을 위해 어떤 일을 할 수 있을까 고민한 끝에 국회 의원이 되었어요. 국회 의원은 주로 국민의 필요에 따라 법을 만들거나 바꾸는 일을 합니다. 또 정부의 예산안이나 국정 운영에서 잘못된 부분을 감시하는 역할도 맡고 있지요. 이처럼 많은 일을 혼자서는 할 수 없기 때문에 국회 의원과 함께 일하며 이를 도와주는 직업이 있어요. 아래 빈칸을 채우며 알아볼까요?

국회 의원 보좌관	하는 일: 국회 의원의 입법 활동에 필요한 자료를 조사하거나 정책 토론회를 주관하는 일, 국회 의원의 정책에 대해 홍보하고 소개하는 일, 인사 청문회에 나오는 공직 담당자가 어떤 사람일지 조사하는 일 등을 합니다.

✳ **무엇이 필요할까요?**

- 많은 일을 한 번에 처리해야 하기 때문에 꼼꼼하면 좋아요.
- 경제나 정치, 법에 대한 지식이 많아야 해요.
-

정책 연구원	하는 일: 스포츠, 복지, 환경 등 각자 공부한 분야에 대해 전문 지식을 가지고 어떤 정책을 수립하면 좋을지 연구하거나, 현재 운영되고 있는 정책에 대한 평가를 합니다.

✳ **무엇이 필요할까요?**

-
-
-

179

진로탐색 STEP 3
우리 지역구의 국회 의원을 알고 있나요?

국회 의원은 자신을 대표로 선출한 지역구의 필요를 알고 주민의 불편을 해결하는 일을 하기도 합니다. 나는 어느 지역구에 살고 있는지, 우리 지역구의 불편한 점은 무엇인지, 그것을 위해 내가 속한 지역구의 국회 의원은 어떤 일을 하고 있는지 등을 알아보세요. 블로그나 홈페이지, 인터뷰 기사 등을 참고하면 쉽게 찾을 수 있답니다.

✳ **나는 어느 지역구에 살고 있나요?**

✳ **내가 속한 지역구의 국회 의원은 누구인가요?**

✳ **내가 속한 지역구의 필요한 점이나 불편한 점은 무엇이 있나요?**

• 생긴 지 얼마 되지 않은 신도시이기 때문에 공공 도서관이 부족해요.
•
•
•

✳ **국회 의원이 지역구의 문제를 해결하기 위해 어떤 노력을 하고 있나요? 혹은 이에 대한 당선 공약은 무엇이었나요?**

•
•
•
•

국회 의원이 되어 SNS 꾸미기!

많은 정치인들은 자신의 의견을 시민에게 알리고, 시민과 보다 자유롭게 소통하기 위해서 온라인 홈페이지나 누리소통망 서비스(SNS)를 활용해요. 이를 통해서 시민이 좋아하는 것이나 생각하는 것, 또는 불만도 더 잘 알 수 있거든요. 만일 여러분이 국회 의원이라면, 어떤 내용을 올려서 시민들과 소통하고 싶은가요? 국회 의원이 된 나의 모습을 상상하며 다음 내용을 채워 넣어 보아요.

국회 의원이 된 내 모습을 상상해서 그려 보세요.

국회 의원:

ID:

직업: 대한민국 국회 의원

나의 소개:

안녕하세요.

한

대한민국을 만들겠습니다.

20   년   월   일

어제   에 가서 시민을 만나며

에 대한

불편 사항을 듣게 되었습니다.

이를 해결하기 위해서

20   년   월   일

181

우리 가족의 법률안을 만들어 볼까요?

국회 의원은 자신이 제안하고자 하는 법률안을 국회에 제출한 뒤 본회의에서 이에 대해 발표를 해요. 그 후 찬성과 반대 입장을 들어보며 토론을 한 뒤에 투표를 통해 최종적으로 통과를 시킬 것인지 결정짓지요.

이것을 우리 가족에게 적용시켜보면 어떨까요? 아래 빈칸에 적어봅시다.

법률안 제목:

예) 내년 용돈을 올리는 것에 대한 법률안

....

....

조문

제 1조 (왜 해당 법이 필요한지 적어 보아요)

....

....

제 2조 (법률안을 실행할 구체적인 방법을 적어보아요)

....

....

제 3조 (법률안을 지키지 않았을 때의 벌칙 등에 대해 적어보아요)

....

....

＊ 법률안을 만들었으면 가족과 다 함께 여러분이 낸 법률안을 발표하고, 토론
과정을 거쳐서 투표를 해 보아요. 여러분의 법률안에 대한 반응은 어떠했나요?

....

대한민국 임시 정부 유적지 알아보기

우리나라의 헌법은 "우리 대한민국은 3·1 운동으로 건립된 대한민국 임시 정부의 법통"을 계승한다고 시작해요. 여기서 말하는 '임시 정부'의 유적지가 중국의 상하이에 있답니다. 정식으로 인정받지는 못했지만, 광복 후 정치 체계에 많은 영향을 미쳐 우리나라 정치사에서 중요한 위치를 차지해요. 일제 강제 점령기, 여기저기 흩어져 있던 힘을 하나로 모을 필요를 느낀 독립 운동가와 민족 지도자들은 논의를 거친 뒤 1919년 4월 중국 상하이에 대한민국 임시 정부를 수립하게 되었어요. 국내에서는 일본의 감시로 인해 정부를 세우고 활동하기 힘들었기 때문에, 비교적 일본의 탄압에서 자유롭고 외교 활동이 가능한 국제 도시인 상하이에 거점을 두게 된 것이지요. 상하이에 모인 민족 지도자들은 여기서 지금의 국회에 해당하는 임시 의정원을 구성하고, 정부의 관제를 마련하였습니다.

중국 상하이에 있는 대한민국 임시 정부 유적지는 지하철 신천지역과 가까이 위치하고 있어요.

대한민국 임시 정부 유적지에는 당시 임시 정부 청사의 모습이 복원되어 있어 어떤 모습으로 임시 정부가 운영되었는지를 느낄 수 있어요. 복원 공간에서는 백범 김구를 비롯한 정부의 집무실, 회의실과 접견실, 숙소 등을 관람할 수 있습니다. 임시 헌법과 윤봉길 의사 의거 장면 등 임시 정부의 활동에 대한 자료도 전시되어 있답니다.

대한민국 임시 의정원의 의원들. 오늘날 국회 의원에 해당하지요.

✳ **대한민국 임시 정부와 오늘날의 국회는 어떤 점이 다를까요?**

안철수

1962년	2월 26일, 경상남도 밀양에서 태어났습니다.
1980년 19세	부산 고등학교를 졸업하고 서울 대학교 의과 대학에 입학합니다.
1986년 25세	서울 대학교 의과 대학에서 조교 생활을 시작합니다.
1988년 27세	서울 대학교 대학원에서 의학 석사 학위를 받습니다. 의학 공부를 하면서 대한민국 최초의 컴퓨터 백신을 개발합니다.
1990년 29세	단국 대학교 의과 대학 의예과 학과장의 자리에 오릅니다.
1991년 30세	서울 대학교 대학원에서 의학 박사 학위를 받습니다.
1995년 34세	의사로서의 길을 포기하고 컴퓨터 바이러스를 연구하고 백신을 개발하는 '안철수연구소'를 창립합니다.
1996년 35세	'자랑스런 신한국인상'을 수상합니다.
1997년 36세	펜실베이니아 대학교 대학원에서 공학 석사 과정을 마칩니다.

2000년 39세	제4회 '한국 공학 기술상 젊은 공학인상'을 수상합니다.
2001년 40세	제2차 '아시아유럽 젊은 기업인 포럼 젊은 기업가상'을 수상합니다.
2002년 41세	제1회 '대한민국 소프트웨어 사업자 대상 경영 부문 최우수상'을 수상합니다.
2003년 42세	제1회 '한국 윤리 경영 대상 투명 경영 부문 대상'을 수상합니다.
2008년 47세	펜실베이니아 대학교 와튼 스쿨에서 경영학 석사 과정을 마치고 KAIST 기술 경영 전문 대학원 석좌 교수가 됩니다.
2011년 50세	서울 대학교 융합 과학 기술 대학원 원장이 됩니다.
2013년 52세	제19대 국회 의원에 당선되었습니다.
2016년 55세	국민의당 공동 대표로 활동합니다. 제20대 국회 의원에 당선되었습니다.
2017년 56세	제19대 대통령 선거에 출마했습니다.

who?	초등학교 교과서		
김연아	체육 4학년		1. 활기차고 튼튼하게
	도덕 6학년		10. 참되고 숭고한 사랑
류현진	도덕 3학년		8. 자랑스러운 대한민국
박지성	과학 3학년	1학기	1. 우리 생활과 물질
유재석	도덕 3학년		6. 감사하는 생활
	국어 4학년	2학기	8. 정보를 나누어요
	사회 5학년	1학기	4. 우리 사회의 과제와 문화의 발전
일론 머스크	과학 4학년	2학기	4. 지구와 달
리오넬 메시	사회 6학년	2학기	3. 세계 여러 지역의 자연과 문화
우사인 볼트	과학 5학년	2학기	3. 물체의 빠르기
강수진	체육 4학년		4. 표현 활동
안철수	사회 6학년	2학기	2. 이웃 나라의 환경과 생활 모습
문재인	사회 6학년	2학기	1. 우리나라의 민주 정치
			2. 이웃 나라의 환경과 생활 모습
손석희	사회 5학년	1학기	4. 우리 사회의 과제와 문화의 발전
	국어 6학년	1학기	5. 사실과 관점
노무현	사회 5학년	1학기	3. 우리 경제의 성장과 발전
			4. 우리 사회의 과제와 문화의 발전
김대중	사회 6학년	1학기	2. 근대 국가 수립을 위한 노력과 민족 운동
	6학년	2학기	1. 우리나라의 민주 정치
박종철 · 이한열	사회 6학년	2학기	1. 우리나라의 민주 정치
이승엽	체육 5학년		3. 경쟁 활동
앙겔라 메르켈	사회 6학년	2학기	2. 이웃 나라의 환경과 생활 모습
			4. 변화하는 세계 속의 우리
손흥민	도덕 3학년		8. 자랑스러운 대한민국
	체육 5학년		3. 경쟁 활동
시진핑	사회 6학년	2학기	2. 이웃 나라의 환경과 생활 모습
			4. 변화하는 세계 속의 우리
김순권	과학 5학년	1학기	3. 식물의 구조와 기능
추신수	도덕 5학년		3. 긍정적인 생활
박항서	국어 5학년	2학기	7. 인물의 삶 속으로
노회찬	사회 5학년	1학기	4. 우리 사회의 과제와 문화의 발전

※ who? 스페셜 시리즈는 계속 출간됩니다.

찾아보기

who? 스페셜

화려하게만 보이는 스타들의 뒤에는 어떤 노력과 인내가 있었을까요?
아이들이 가장 만나고 싶고, 닮고 싶어 하는 현대 인물들을 만나 보세요!

김연아 / 류현진 / 박지성 / 유재석 / 일론 머스크 / 리오넬 메시 / 우사인 볼트
강수진 / 안철수 / 문재인 / 손석희 / 노무현 / 김대중 / 박종철·이한열 / 이승엽
앙겔라 메르켈 / 손흥민 / 시진핑 / 김순권 / 추신수 / 박항서

※ who? 스페셜 | 책 크기 188×255mm | 각 권 200쪽 내외

※ who? 스페셜 시리즈는 계속 출간됩니다.